1

AUTHOR'S NOTE

I started writing this book shortly after Donald Trump was elected President of the United States as I felt that there are far too many Americans who - **Do Not Think!**

Well everyone thinks, but obviously many need to improve their thinking processes. We can't put everyone deserving of the dunce cap in the corner. (Just for the record, I don't think anyone should ever be placed in the corner with a dunce cap.)

This book is simply my continuing thoughts on thinking and Free-thinking during the Trump era and beyond.

NOTE DE L'AUTEUR

J'ai commencé à écrire ce livre peu de temps après l'élection de Donald Trump à la présidence des États-Unis parce que j'ai ressenti que beaucoup trop d'américains - **ne pensent pas !**

Bien entendu, tout le monde pense, mais il est évident que beaucoup ont besoin d'améliorer leur façon de réfléchir. On ne peut pas mettre tous ceux qui le méritent au coin avec un bonnet d'âne. (Juste pour rappel, je ne pense pas que qui que ce soit devrait être mis au coin avec un bonnet d'âne.)

Ce livre est simplement la suite de mes réflexions au sujet de la pensée et de la libre-pensée pendant l'ère Trump et au-delà.

PREFACE
Who and what is a Freethinker?

Simply stated, a Freethinker is someone who has an open mind, someone who thinks freely and rationally. A Freethinker is someone who has liberated oneself from the social and cultural conditionings imposed upon them from the time of birth. Becoming a Freethinker is far from easy, in fact, it's quite difficult for most people, but the rewards are, to say the least, exhilarating and life changing.

Fortunately, we don't have Thought Police, or we'd have been fined, imprisoned or even guillotined in many societies for thinking freely. Sounds extreme, but the proof is that in some societies those who express themselves freely and rationally in public are imprisoned, tortured and even assassinated (think Putin, MbS, al-Assad, etc.).

Personally, I've considered myself a Freethinker for most of my life, and I'm proud of it. And who wouldn't be proud of themselves for unshackling their mind to be able to think freely and rationally? For some, freethinking comes more easily than for others and that's perfectly understandable as everyone has undergone different educational and cultural conditionings. We have to acknowledge every individual's inherent intellectual capacity as we are not created equal in this category.

For some, Freethinking is equated with atheism. I see Freethinking as so much more than any religion. And my judgment on some of the values of religion is still out for debate!

PRÉFACE
Qui est le libre-penseur et comment se caractérise-t-il ?

Simplement dit, un libre-penseur est quelqu'un qui a l'esprit ouvert, quelqu'un qui pense librement et rationnellement. Un libre-penseur s'est libéré des conditionnements sociaux et culturels qui lui ont été imposés dès sa naissance. Devenir un libre-penseur est loin d'être facile - en fait, c'est assez difficile pour la plupart des gens mais les bénéfices sont, pour le moins, exaltants et ils changent radicalement la vie.

Heureusement, il n'existe pas de police de la pensée, sinon, pour avoir pensé librement dans certaines sociétés, on aurait été condamnés à payer une amende, emprisonnés ou bien même guillotinés. Cela paraît extrême, mais la preuve en est que dans certaines sociétés ceux qui s'expriment librement et rationnellement en public sont arrêtés, torturés ou encore assassinés (pensez au régime de Poutine, MBS, al-Assad, etc.).

Personnellement, je me suis considéré comme un libre-penseur pendant presque toute ma vie et j'en suis fier. Et qui ne serait pas fier de soi pour avoir libérer son esprit afin de pouvoir penser librement et rationnellement ? Pour certains, la libre-pensée vient plus rapidement que pour d'autres et c'est parfaitement compréhensible puisque chacun a subi une éducation et un conditionnement culturel différents. Il faut avoir pris conscience que chaque individu possède une capacité intellectuelle inhérente et que nous ne sommes pas conçus de la même manière dans ce domaine.

Pour certains, la libre-pensée est assimilée à l'athéisme. Je place la libre-pensée au-dessus de toute religion. Et mon avis sur certaines valeurs de la religion reste toujours discutable !

I see religion as "crutches" [*1] for those lacking the mental capacity to reason with an open mind.

But it is undeniably true that religions, in all their shapes, sizes and forms, historically, have been (and continue to be) reponsible for an immeasurable number of deaths, assassinations, imprisonment, and unimaginable suffering for millions of people.

Even though I firmly believe in the separation of church and state as generally exercised in the US, I can believe that there is possibly some good to come out of religion, if bigotry, hypocrisy, and violence can be extracted. But that's an enormous **IF**! Without the "crutches" of religion, it's hard to imagine where our society would be today.

But what about Freethinkers and the economy? It's hard for me to believe that staunch supporters of free enterprise (sometimes referred to as capitalism) can be considered Freethinkers as many show no responsibility for the well-being of humanity. Far too many of these entrepreneurs (capitalist) hold their main objective to be making the big 'bucks' regardless of the ethical and ecological consequences.

The writing of this book is not designed to be a complete guide or course on Freethinking, but simply an introduction. I hope that other people, mainly teachers, University professors and parents will take it a step further and insist that the teaching of Freethinking be taught at all levels of education and in the home.

If a photo is worth 1,000 words, then a satirical political cartoon / drawing is worth 10,000. I believe readers will appreciate the selected drawings I've included in this book.

(*1) For lack of finding a better word, I'm using "crutches" to mean that religion serves the human animal assistance to better walk thru life in a more honest and ethical way.

Je perçois la religion comme des « béquilles » [*2] pour ceux qui n'ont pas la capacité mentale de raisonner avec un esprit ouvert.

Mais c'est indéniablement vrai que les religions, sous toutes leurs formes, envergures et sortes - historiquement, ont été (et continuent d'être) responsables d'un nombre incalculable de morts, d'assassinats, d'emprisonnements, et de souffrance inimaginable pour des millions de personnes.

Même si je crois fermement en la séparation de l'Église et de l'État, comme cela se fait généralement aux États-Unis, je peux croire qu'il y a peut-être de bonnes choses à tirer de la religion, si l'on peut extraire le sectarisme, l'hypocrisie et la violence. Mais c'est un énorme **SI** ! Sans les « béquilles » de la religion, c'est compliqué d'imaginer où se trouverait notre société aujourd'hui.

Mais qu'en est-il des libres-penseurs et de l'économie ? Il m'est difficile de croire que les supporteurs invétérés de la libre entreprise (parfois appelée capitalisme) puissent être considérés comme libres-penseurs, puisqu'un grand nombre ne montre aucune responsabilité pour le bien-être commun de l'humanité. Beaucoup trop de ces autoentrepreneurs (capitalistes) ont pour objectif principal de gagner un maximum d'argent, laissant de côté les conséquences éthiques et écologiques.

L'écriture de ce livre n'a pas vocation à être un guide complet ou un cours sur la libre-pensée mais simplement une introduction. J'espère que d'autres personnes, principalement des enseignants, des professeurs d'université et des parents, iront plus loin et insisteront pour que l'enseignement de la libre-pensée soit inculqué à tous les niveaux de l'éducation et dans les foyers.

Si une photo vaut 1 000 mots, alors un dessin satirique politique en vaut 10 000. J'espère que les lecteurs apprécieront les dessins que je présente dans ce livre.

(*2) À défaut de trouver un mot plus approprié, j'utilise celui de « béquilles » pour signi-fi-er que la religion sert d'assistance à l'animal humain pour mieux marcher dans la vie, d'une manière plus honnête et éthique.

I met Ron Cobb (1937-2020) in Paris in 1977 and asked him for permission to select satirical cartoons from his two books; *The Cobb Book* and *Cobb Again* to make a French version. The *Le Livre de Cobb* was published in 1978 by Dandelion Editions. I chose to reprint a few of his satiric cartoons in this first edition of *Please - Just Think!*. These cartoons were first published in the early to mid-seventies.

I discovered Oliphant while I was in High School in Golden, Colorado, back in 1964. Every day when we received the *Denver Post*, I immediately flipped through all the pages looking for Oliphant's satirical cartoon and became addicted to them. I wasn't able to find his cartoons from 1966 to 1972 as I found myself in a highly restricted environment i.e., the US Army and a one year stint in prison.

After arriving in France in 1972, I was delighted to be able to occasionally find Oliphant's cartoons in the *IHT* (*International Herald Tribune*). So it was only normal for me that when I started writing this book that I include some of his cartoons that firmly represent some of my strongly held views.

With a little research, I obtained Oliphant's contact information and expressed my desire to include some of his cartoons in this book. I made several written proposals, but I never received an answer. I don't know why he didn't answer but his satirical cartoons were very important for me to be included in this book. I hope he understands and won't be angry with me for publishing them.

Both Cobb's and Oliphant's satirical cartoons are just as pertinent today as when they were first published.

J'ai rencontré Ron Cobb (1937-2020) à Paris en 1977 et je lui ai demandé la permission de sélectionner des dessins satiriques tirés de ses deux livres : The Cobb Book et Cobb Again pour en faire une version française. Le premier a été publié en 1978 par les Éditions Dandelion. J'ai choisi de réimprimer quelques-uns de ses dessins satiriques dans cette première édition de Please - Just Think !. Ils ont d'abord été publiés dans le début des années soixante-dix.

J'ai découvert Oliphant du temps où j'étais au lycée à Golden dans le Colorado, en 1964. Tous les jours, lorsque nous recevions le Denver Post, je me mettais immédiatement à tourner les pages à la recherche du dessin d'Oliphant et j'en suis devenu accro. Entre 1966 et 1972, je n'y ai plus trouvé ses dessins puisque je me suis retrouvé dans un environnement hautement restreint, à savoir dans l'armée américaine et un séjour d'une année en prison.

Après être arrivé en France en 1972, j'ai eu le plaisir d'avoir la possibilité de trouver occasionnellement les dessins d'Oliphant dans le IHT (International Herald Tribune). Il était donc normal lorsque j'ai commencé à écrire ce livre, d'inclure certaines de ses caricatures qui représentent délibérément certaines de mes opinions bien arrêtées.

Suite à quelques recherches, j'ai obtenu les coordonnées d'Oliphant et je lui ai exprimé mon désir d'insérer certains de ses dessins dans ce livre. Je lui ai adressé plusieurs courriers mais je n'ai jamais eu de réponse. J'ignore pourquoi il n'a pas réagi cependant il était vraiment important pour moi d'intégrer ses dessins satiriques. J'espère qu'il comprendra et qu'il ne sera pas contrarié envers moi pour les avoir publiés.

Les caricatures satiriques de Cobb et Oliphant sont tout aussi pertinentes aujourd'hui que lorsqu'elles ont été publiées pour la première fois.

CHAPTER 1
Why is Freethinking important?

It should be obvious that a Freethinking mind is an unshackled mind, one that can solve many problems in any given society. For example, take the enormous problems mass emigration (caused by war and severe economic conditions in the Middle-East and Africa) are causing European countries. These immigrants seek refuge and a better life in these European countries. And how about all the refugees from Central and South American countries seeking a better life in the USA?

The flow of immigrants from economically disadvantaged countries could be alleviated if countries with the financial means stepped in with significant investments in schools, job training and infrastructure to help provide people with meaningful employment to educate, feed and house themselves.

Emigration caused by violent conflict could and should be resolved by using the UN peace keeping forces. Unfortunately, the United Nations is far from being "united" and it needs to be entirely revised and updated to be effective. The US, Russia, and China stoke the fires of many conflicts to advance their political interests instead of using their political and financial power to resolve them.

Freethinking should not be limited to only rejecting religious dogma. It should be applied to all aspects of life in society.
Freethinking legislators worldwide

CHAPITRE 1
Pourquoi la libre-pensée est-elle importante ?

Il devrait être évident qu'un esprit de libre-penseur est un esprit débridé, un esprit qui peut résoudre de nombreuses problématiques dans n'importe quelle société. Par exemple, prenez les énormes pro-blèmes d'émigration massive (provoquée par la guerre et des conditions économiques graves au Moyen-Orient et en Afrique) que connaissent aujourd'hui les pays européens, où ces immigrants cherchent un refuge et une vie meilleure. Et que dire de tous les ré-fugiés des pays d'Amérique centrale et du Sud qui cherchent à voir une vie meilleure aux États-Unis d'Amérique ?

Le flux d'immigrants en provenance de pays pauvres pourrait être réduit si les pays disposant de moyens financiers pouvaient commencer à investir de manière significative dans les écoles, la formation professionnelle et les infrastructures, pour aider à fournir aux gens un emploi valorisant pour s'éduquer, se nourrir et se loger.

L'émigration causée par un conflit violent pourrait et devrait être résolue à travers l'utilisation des forces de maintien de la paix des Nations Unies. Malheureusement, les Nations Unies sont loin d'être « Unies » et ont besoin d'être entièrement revues et actualisées pour être efficaces. Les États-Unis, la Russie et la Chine ne cessent d'alimenter de nombreux conflits pour faire progresser leurs intérêts politiques et financiers au lieu de s'en servir pour les résoudre.

La libre-pensée ne devrait pas être limitée au rejet des dogmes religieux. Elle devrait être appliquée à tous les aspects de la vie en société.
Les législateurs partisans de la libre-pensée à travers le monde

could solve many of the problems facing society today. Unfortunately, legislators and the other tenants of power are not Freethinkers.

At the latest, Freethinking should be taught at the same time that children are taught the alphabet. The why's, what's, and how's are the most important questions to develop a freethinking mindset. Questioning everything that we say and do develops a healthy open mind. And there's absolutely nothing wrong with that! Of course, bullies and dictators of all sorts strongly disagree.

In general, Freethinkers discipline themselves to be more tolerant, respectful and honest than most people. They adhere to two basic principles :
1) Treat others as you would have them treat you.
2) My freedom ends where yours begins.
You can ascertain that these two basic principles have been kidnapped and adulterated from religious dogma. For Freethinkers, these principles supersede and enhance the multitude of rules that govern all of us. **BLIND** adherence to any / all rules should be more than just frowned upon. It should be outright condemned. Rules are an absolute necessity, but they should be made with a general consensus for the well-being of all concerned.

Of course, Freethinking is free but beware of the consequences when acting upon your thoughts on certain subject matters in an environment closed to opposing thoughts. Doing so can be hazardous to your health.

How to promote Freethinking? First of all, plain old rational thinking has to be taught before attempting to move on to the next step of teaching advanced Freethinking. So, it goes without saying that a true education will be

pourraient résoudre beaucoup de problèmes de notre société actuelle. Malheureusement, les législateurs et les autres détenteurs de pouvoir ne sont pas des libres-penseurs.

Au plus tard, la libre-pensée devrait être enseignée aux enfants en même temps que l'alphabet.

Les pourquoi, quoi et comment, sont des questions fondamentales pour développer un état d'esprit de libre-pensée. Remettre en question tout ce que nous disons et faisons développe un esprit sain et ouvert. Et il n'y a absolument rien de mauvais en cela ! Bien entendu, les tyrans et les dictateurs de toutes sortes sont fortement en désaccord avec cette idée.

En général, les libres-penseurs, s'efforcent d'être plus tolérants, respectueux et honnêtes que la plupart des gens. Ils adhèrent à deux principes de base :

1) Traitez les autres comme vous voulez qu'ils vous traitent.

2) Ma liberté s'arrête où commence celle des autres.

Vous pouvez constater que ces deux principes de base ont été kidnappés et dénaturés par le dogme religieux. Pour les libres-penseurs, ces principes remplacent et améliorent la multitudes de règles qui nous gouvernent tous. L'adhésion **AVEUGLE** à toutes les règles devrait être plus que simplement désapprouvée. Elle devrait être sévèrement condamnée. Les règles sont d'une nécessité absolue mais elles devraient faire l'objet d'un consensus général pour le bien-être de tous les intéressés.

Évidemment, la libre-pensée est gratuite mais méfiez-vous des conséquences lorsque vous manifestez vos idées sur certains sujets dans un environnement fermé aux pensées opposées. Cela peut être dangereux pour votre santé.

Comment promouvoir la libre-pensée ? Tout d'abord, la pensée ordinaire et rationnelle doit être enseignée avant d'essayer de passer à l'étape suivante de l'enseignement avancé de la libre-pensée. Alors, il va sans dire qu'une véritable éducation sera

the first step. A.S. Neill, Maria Montessori, Edward de Bono and so many others have and continue to promote better education, but they have only been able to make "baby steps."

So much more has to be done but there are too few educators with the courage to step forward and make the necessary changes.

la première étape. A.S. Neill, Maria Montessori, Edward de Bono et tant d'autres ont promu et continuent de promouvoir une meilleure éducation, mais ils ont seulement été en mesure de faire de toutes petites avancées.

Il reste encore beaucoup à faire, mais trop peu d'éducateurs ont le courage d'aller de l'avant et d'apporter les changements nécessaires.

CHAPTER 2
A (very brief) history of Freethinking and Freethinkers

We have little to no documentation about the first Freethinkers, but we can postulate for the most part that they were cave dwellers depicting animals and objects on their walls. Later on, we called these pioneers "philosophers."

The earliest known philosophers originated almost 3,000 years ago, and some could be considered Freethinkers but certainly not all. They all could be considered thinkers as they all thought deeply about numerous subjects. Some thinkers were even early rational thinkers and inventors of basic tools used for building shelters, hunting, cooking and personal defense. The inventor of the wheel was a rational thinker. But perhaps that person never thought of him/herself as a rational thinker though. Learning to think, especially rational thinking, is a first step in becoming a Freethinker.

Most inventors probably don't think of themselves as rational thinkers but as "out of the box" thinkers and innovators. One inventor recently told me that he prefers to call himself a product developer because labeling oneself an inventor is considered by some to be pretentious. In my opinion, if you invent something and obtain a patent, I don't see why you wouldn't call yourself an inventor. It's your claim to fame (although minor perhaps) and I wouldn't worry or be concerned about what people might think.

CHAPITRE 2
(Très bref) historique de la libre-pensée
et des libres-penseurs

Nous avons peu de documentation voire aucune sur les premiers libres-penseurs, mais nous pouvons supposer que la plupart étaient habitants des cavernes et dessinaient des animaux et des objets sur leurs murs. Plus tard, nous avons qualifié ces pionniers de «philosophes».

Les premiers philosophes connus datent d'environ 3 000 ans, et quelques-uns pourraient être considérés comme des libres-penseurs mais certainement pas tous. Ils pourraient tous être considérés comme penseurs puisqu'ils songeaient tous profondément à de nombreux sujets. Certains penseurs étaient même les premiers penseurs rationnels et les inventeurs d'outils élémentaires utilisés pour construire un abri, chasser, cuisiner et se défendre. L'inventeur de la roue était un penseur rationnel. Mais peut-être que cette personne n'a jamais imaginé qu'il/qu'elle était un penseur rationnel. Apprendre à penser, en particulier avec une pensée rationnelle, est une première étape pour devenir un libre-penseur.

La plupart des inventeurs ne se considèrent probablement pas comme des penseurs rationnels, mais plutôt comme des penseurs et des innovateurs «hors des sentiers battus». Un inventeur m'a récemment dit qu'il préférait se qualifier lui-même de concepteur de produits puisque certains pensent que se définir comme inventeur est prétentieux. À mon avis, si vous inventez quelque chose et obtenez un brevet, je ne vois pas pourquoi vous ne vous qualifieriez pas d'inventeur. C'est votre prétention à la renommée (bien que mineure peut-être) et je ne me soucierais pas de ce que les gens pourraient penser.

IMAGINE
song by John Lennon (1971)
(An idealistic Utopian)

Imagine there's no heaven
It's easy if you try
No hell below us
Above us only sky
Imagine all the people
Living for today...

Imagine there's no countries
It isn't hard to do
Nothing to kill or die for
And no religion too
Imagine all the people
Living life in peace...

You may say I'm a dreamer
But I'm not the only one
I hope someday you'll join us
And the world will be as one

Imagine no possessions
I wonder if you can
No need for greed or hunger
A brotherhood of man
Imagine all the people
Sharing all the world...

You may say I'm a dreamer
But I'm not the only one
I hope someday you'll join us
And the world will live as one

Pensées libres

IMAGINE
Chanson de John Lennon (1971)
(Un utopiste idéaliste)

Imagine qu'il n'y a aucun Paradis
C'est facile si tu essaies
Aucun enfer en dessous de nous
Au-dessus de nous, seulement le ciel
Imagine tous les gens
Vivant pour aujourd'hui...

Imagine qu'il n'y a aucun pays
Ce n'est pas dur à faire
Aucune cause pour laquelle tuer ou mourir
Aucune religion non plus
Imagine tous les gens
Vivant leur vie en paix...

Tu peux dire que je suis un rêveur
Mais je ne suis pas le seul
J'espère qu'un jour tu nous rejoindras
Et que le monde sera uni

Imagine aucune possession
Je me demande si tu peux
Aucun besoin d'avidité ou de faim
Une fraternité humaine
Imagine tous les gens
Partageant tout le monde...

Tu peux dire que je suis un rêveur
Mais je ne suis pas le seul
J'espère qu'un jour tu nous rejoindras
Et que le monde vivra uni

CHAPTER 3
Freethinking Topics

Discrimination!

Call a cat a cat and a dog a dog. This is a common French expression meaning simply "tell it like it is". You can call it Racism, Bullying, Anti-Semitism or Islamophobia, etc., but it's all **DISCRIMINA-TION**. On the other hand, teach respect and tolerance and you just might get a handle on the problem.

As of today's writing (June 2020), we have demonstrations, riots, looting and chaos throughout many major cities in the US as well as other cities around the world. This all was ignited by the murder of a black man (George Floyd) by a white police officer (Derek Chauvin) assisted by three other police officers. This was the spark that started a worldwide forest fire of discontent. Of course, these demonstrations weren't provoked by this one murder by a police officer, but the accumulation of the thousands of civilians murdered worldwide by police officers every year. Unprovoked and excessive violence by police officers has been around ever since the invention of police forces, but it's only now that the world has reached its limit to continue tolerating such abuse of force. It's the old straw that broke the camel's back.

We can protest all we want but protests alone are not going to change this unacceptable situation. I can attest that after having been beaten and having my life threatened by police officers that there are ways to change the methods of selecting and training those who we hire to serve as police officers. One could possibly say that, "A few bad apples don't spoil

CHAPITRE 3
Thèmes de la libre-pensée

Discrimination !

Appelons un chat un chat et un chien un chien. Vous pouvez l'appeler Racisme, Tyrannie, Antisémitisme ou Islamophobie, etc., mais tout cela est de la **DISCRIMINATION**. D'un autre côté, enseignez le respect et la tolérance et vous arriverez peut-être à maîtriser le problème.

À l'heure actuelle (juin 2020), il y a des manifestations, des émeutes, des pillages et le chaos dans de nombreuses grandes villes des États-Unis aussi bien que dans d'autres villes du monde. Tout cela a été déclenché par le meurtre d'un homme noir (Georges Floyd) par un policier blanc (Derek Chauvin) assisté par trois autres officiers de police. C'est l'étincelle qui a déclenché une vague immense de mécontentement dans le monde entier. Bien sûr, ces manifestations n'ont pas seulement été provoquées par ce meurtre commis par un policier mais par le cumul de milliers de civils assassinés chaque année par des policiers dans le monde entier. La violence injustifiée et excessive des policiers existe depuis l'invention des forces de police, mais ce n'est que maintenant que le monde a atteint ses limites pour tolérer de tels usages abusifs de la force. C'est la goutte d'eau qui a fait déborder le vase.

Nous pouvons protester tout ce que nous voulons mais les contestations seules ne changeront pas cette situation inacceptable. Je peux attester après avoir été tabassé et menacé de mort par des policiers qu'il y a des façons de changer les méthodes de sélection et de formation de ceux que nous embauchons pour servir de policiers. On pourrait dire que, « Quelques pommes pourries ne gâtent pas

the bushel", but they certainly tarnish the image.

Fortunately, I'm happy to say that I've met a number of decent police officers who correctly fulfil their duties with respect and compassion.

"Defund the Police" is currently the battle cry of protesters, but why defund the police? Better screening, better pay, and better training are the more rational choices that will provide us with more suitable police forces. We need to eliminate those having psycho / social, and pathological disorders and those with strong racial biases. We need better training to use non-lethal deterrents like tasers and clubs against violent offenders instead of guns. Strict use of body cams would also help avoid some police officers from using excessive force.

Walls

There are **WALLS** and there are **OBSTACLES**. They're both designed to keep people and animals (hard to distinguish which are which), in or out of something. The most famous walls are / were; The Great Wall(s) of China – some of the oldest and best known and the Berlin Wall which was recently almost completely demolished in the early 1990's.

Walls are usually made of bricks, stones, concrete, and steel of varying heights. Obstacles are more varied and are both natural and man-made. We can define natural obstacles easily enough as they are basically rivers, mountains and oceans. Man-made obstacles can simply be called fences,

le boisseau», mais elles ternissent l'image.

Heureusement, je peux dire que j'ai rencontré un certain nombre de policiers décents qui s'acquittent correctement de leurs fonctions avec respect et compassion.

«Coupez les vivres de la police» est le slogan actuel des manifestants, mais pourquoi leur retirer ces fonds ? Une meilleure sélection, une meilleure rémunération et une meilleure formation sont les choix les plus rationnels qui nous permettront d'avoir une force policière plus adaptée. Nous devons disqualifier les pathologiques psycho / sociaux et ceux qui ont de forts préjugés raciaux. Nous avons besoin d'une meilleure formation sur l'utilisation de méthodes dissuasives non mortelles telles que les tasers et les matraques plutôt que les armes à feu contre les malfaiteurs violents. L'utilisation rigoureuse de caméras corporelles aiderait également à éviter que certains policiers aient recours à une violence excessive.

Murs

Il y a des **MURS** et il y a des **OBSTACLES**. Ils sont tous deux destinés à maintenir les êtres humains et les animaux (difficiles à distinguer qui est quoi), à l'intérieur ou à l'écart de quelque chose. Les murs les plus réputés sont / étaient, La / les Grande(s) Muraille(s) de Chine – un des plus anciens et des plus reconnus ; et le mur de Berlin qui a été récemment presque complètement démoli au début des années 1990.

Les Murs sont habituellement faits de briques, de pierres, de béton et d'acier, de hauteurs différentes. Les obstacles sont plus variés, ils sont à la fois naturels et conçus par l'homme. Nous pouvons définir assez facilement les obstacles naturels car ce sont essentiellement des rivières, des montagnes et des océans. Les obstacles fabriqués par l'homme peuvent simplement s'illustrer par des clôtures,

and they are sometimes doubled or tripled and used with walls and concertina barbed wire to be more effective.

As of this writing, the Trump administration, especially Trump himself, has been incredibly obsessed with a border wall on the southern US border. Numerous studies have indicated that there are better economical solutions to securing the southern border without building a huge concrete or steel barrier. This whole issue could be solved by thoroughly vetting immigrants who want to work in the US either at the border or in US embassies and consulates.

One has to be blind not to notice that many American companies are desperately looking for workers and there aren't enough available American workers who are willing to do the hard, sometimes back breaking, work so often performed by Latinos. (Note: In September 2020, with the COVID-19 pandemic, the need for workers has been greatly reduced.)

PRISONS have walls designed to keep their occupants isolated from the rest of society for security or punitive reasons. For the most part these walls are effective but are the prisons? History and validated analysis by accredited researchers have proven that prisons are far from being in the interest of a humanitarian society. If we really want to believe that we maintain a humanitarian society worthy of the name, we need to do much better.

The mentally challenged need to be treated and helped. The uneducated educated and not simply conditioned. And to greatly reduce what is labeled recidivism, we need to work harder at identifying the underlying situation of each individual and truly make an effort at enabling our prison occupants

et elles sont parfois doublées ou triplées et utilisées avec des murs et des fils de fer barbelés concertina pour être plus efficaces.

Au moment où j'écris, l'administration Trump (et en particulier Trump lui-même), a été incroyablement obsédée par un mur de séparation sur la frontière sud des États-Unis. De nombreuses études ont indiqué qu'il existe des solutions plus économiques pour sécuriser la frontière sud sans construire une énorme barrière de béton ou d'acier. Toute cette question pourrait être résolue par le contrôle minutieux des immigrants désirant travailler aux États-Unis, soit à la frontière, soit dans les ambassades et consulats américains.

Il faut être aveugle pour ne pas remarquer que beaucoup d'entreprises américaines sont désespérément à la recherche d'ouvriers, et il n'y a pas assez de travailleurs américains disponibles qui veulent effectuer des travaux pénibles, parfois éreintants, si souvent effectués par les Latinos. (Note : En septembre 2020, avec la pandémie COVID-19, le besoin d'ouvriers a été fortement réduit.)

Les **PRISONS** ont des murs construits pour maintenir les occupants isolés du reste de la société pour des raisons de sécurité ou à titre punitif. Pour la plupart, ces murs sont efficaces mais les prisons le sont-elles autant ? L'Histoire et certaines études confirmées par des chercheurs qualifiés ont prouvé que les prisons sont loin d'être dans l'intérêt d'une société humanitaire. Si nous voulons vraiment croire que nous entretenons une société humanitaire digne de ce nom, nous devons faire beaucoup mieux.

Les handicapés mentaux ont besoin d'être traités et aidés. Les incultes instruits et non seulement conditionnés. Et pour réduire considérablement ce qu'on appelle la récidive, nous devons travailler plus dur à identifier la situation sous-jacente de chaque individu et vraiment faire un effort pour permettre à nos occupants de prison

to return to a society that believes in "Life, Liberty and the Pursuit of Happiness" (The American ideal). Since our society is always concerned about cost, we need to rethink what the real cost of our current prison and immigration strategy and philosophy is. A healthier happier society is priceless!

It's unfortunate that the idea of pursuing happiness is equated to making as much money as one can possibly make and possessing as much material wealth as possible. Freedom, Equality and Brotherhood (The French ideal) appears to be more humane but the French seem to idolize the American ideal. *Dommage!*[*3]

(*3) **TRADUCTION :** It's a shame!

de revenir à une société qui croit en «la Vie, la Liberté et la Poursuite du Bonheur» (l'idéal américain). Puisque que notre société est sans cesse concernée par le coût nous devons repenser le prix réel de notre système carcéral actuel et de notre stratégie et philosophie d'immigration. Une société plus saine et plus heureuse est inestimable !

Il est malheureux que l'idée de poursuivre le bonheur soit assimilée à gagner autant d'argent que possible et à posséder autant de richesses matérielles que possible. «Liberté, Égalité et Fraternité» paraît être plus humain mais les français semblent idolâtrer l'idéal américain. Dommage !

Both are valid ideals especially when combined and with a little precision added to what exactly is the pursuit of happiness. Your pursuit of happiness may not be my pursuit of happiness.

The Bigot Philosophy

To be a true bigot, you need to beware of strangers, especially if they don't look like you, think like you (I'm assuming that bigots have a minimal capacity to think) or speak like you. They, the strangers, could very well be anarchists, atheists, communists or other such undesirables. Bigots may no longer burn strangers at the infamous stake in most societies, but they can still lock them out or lock them up or even assassinate them, but the homicide has to of course be justifiable!

The Trials and Tribulations of One Young Freethinker

When I was seventeen back in 1966, I thought I could avoid being drafted by going to Sweden and not having to register for the draft. I made it as far as Norfolk, VA, from Colorado. I didn't make it to Sweden! I was arrested for being a runaway from home. The police thought that I was only fourteen since I was short and skinny. I wasn't a runaway but that didn't matter. Apparently, the law in Virginia prohibits those under eighteen to walk the streets in Norfolk alone. I was offered two choices: either spend the next nine months in a state farm in Virginia until my 18th birthday or find a family relative that would agree to take me in under their responsibility and pay for my transportation to their home.

I contacted my uncle who lived in Omaha, Nebraska, and he

Les deux idéaux sont valables surtout quand ils sont combinés avec un peu pus de précision pour qualifier ce qu'est la poursuite du bonheur. Votre poursuite du bonheur n'est pas forcément la mienne.

La Philosophie bigote

Pour être un vrai bigot, il faut se méfier des étrangers, surtout s'ils ne vous ressemblent pas, ne pensent pas comme vous (je suppose que les bigots ont une capacité minimale de pensée) ou ne parlent pas comme vous. Eux, les étrangers pourraient très bien être anarchistes, athées, communistes ou autres indésirables. Les bigots ne peuvent plus brûler les étrangers vifs accrochés à cet infâme piquet dans la plupart des sociétés, mais ils peuvent encore les mettre dehors, les enfermer ou même les assassiner, l'homicide doit bien entendu être justifiable !

Épreuves et tribulations d'un jeune libre-penseur

Quand j'ai eu 17 ans en 1966, je pensais pouvoir échapper à l'obligation de m'inscrire et d'effectuer mon service militaire en partant pour la Suède. Du Colorado, j'ai réussi à atteindre Norfolk en Virginie. Je n'ai pas réussi à me rendre en Suède ! Je me suis fait arrêter pour avoir fugué. La police pensait que j'avais seulement quatorze ans puisque j'étais petit et mince. Je n'étais pas un fugueur mais cela n'avait pas d'importance. Apparemment, la loi en Virginie interdit à ceux qui n'ont pas l'âge de dix-huit ans de marcher seuls dans les rues de Norfolk. On m'a proposé deux choix : soit de passer les neuf prochains mois dans un centre de détention pour mineurs en Virginie jusqu'à mon 18e anniversaire, soit de trouver un membre de ma famille qui accepterait de me prendre sous sa responsabilité et de payer pour mon transport jusqu'à chez eux.
J'ai contacté mon oncle qui vivait à Omaha dans le Nebraska, et il

accepted to take me into his home and pay for my bus fare from Norfolk to Omaha. After arriving in Omaha, I informed my aunt and uncle that I was an atheist and I didn't want to be forced to fight in Vietnam. My aunt, while putting her hands over her heart, gasped and screamed that I was going to hell.

My uncle, making an effort to console my aunt, told her that he was going to save me.

In order to save me, he insisted that I had to repent my sins (I'm still trying to figure out what they were) and ask their god for forgiveness, adhere to their religion and follow them assiduously in their religious activities that were held several times each week.

It didn't take me long to realize I wouldn't be able to handle this situation. I repacked by backpack and took the next bus out of town to see some old friends who lived just a few miles away.

It only took one false statement and I was able to join the US Army for four years. I enlisted for four years because I was told by the Army recruiter that I could choose where I would be stationed. I chose to be sent to Germany since I had studied German in high school. A week later I was sent to begin basic training to see the world and learn how to **KILL**! So honorable! (Yes, I'm being a little facetious.)

On the first day in my newly assigned artillery unit in Fürth, Germany, near Nurnberg, the company clerk told me that I had been stupid and naive because the Army would eventually send me to Vietnam anyway before my time was completed in the Army.

Shit! My original plan to get to Sweden was put on the front burner because I had no idea as to when I'd be sent to Vietnam.

a accepté de m'accueillir chez lui et de payer mon billet de bus de puis Norfolk. Après être arrivé à Omaha, j'ai informé ma tante et mon oncle que j'étais athée et que je ne voulais pas être forcé de devoir aller combattre au Viêtnam. Ma tante était horrifiée et a crié que j'irais en enfer en portant ses mains au cœur.

Mon oncle, essayant de la consoler, lui disait qu'il allait me sauver. Pour ceci, il insista sur le fait que je devais me repentir de mes péchés (j'essaie encore de comprendre ce qu'étaient ces péchés), demander pardon à leur dieu, adhérer à leur religion et les suivre assidûment dans leurs activités religieuses qui avaient lieu plusieurs fois par semaine.

Peu de temps s'écoula avant que je ne réalise que je ne serai pas en mesure de gérer cette situation. J'ai remballé mon sac à dos et j'ai pris le prochain bus pour voir de vieux amis qui vivaient à quelques kilomètres.

Il n'a fallu qu'une seule fausse déclaration pour pouvoir intégrer l'armée pendant quatre ans. Je me suis enrôlé pour quatre ans parce que j'ai été informé par le recruteur que je pouvais choisir l'endroit où je serai stationné. J'ai choisi d'être envoyé en Allemagne puisque j'avais étudié l'allemand au lycée. Une semaine plus tard j'ai été envoyé pour commencer l'entraînement de base afin de découvrir le monde et apprendre à **TUER** ! C'est si honorable ! (Oui, je suis un peu moqueur.)

Le premier jour dans l'unité d'artillerie où j'ai été affecté à Fürth en Allemagne, près de Nuremberg, le secrétaire de la compagnie m'annonça que j'avais été stupide et naïf parce que l'armée finirait par m'envoyer au Viêtnam de toute façon avant la fin de mon engagement.

Merde ! Mon plan d'origine pour atteindre la Suède vint donc au-devant de mes priorités parce que je n'avais aucune idée du moment où je serais envoyé au Viêtnam.

The military propaganda (i.e.; brainwashing) took hold of my mind and I also realized that I wouldn't be able to live guilt free thinking of myself as a coward for not wanting to serve my country in the Vietnam war.

La propagande militaire (c-à-d : lavage de cerveau) a pris le contrôle de mon esprit, j'ai réalisé que je ne serai pas capable de vivre sans culpabilité en me voyant comme un lâche ne voulant pas servir mon pays pendant la guerre du Viêtnam.

Y'A UN BRUIT QUI COURT
COMME QUOI ON AURAIT GAGNE...

Well, to make a long story short I decided to make the best of my stupidity (or perhaps I should call it naiveté. This stupidity is what the Cub Scout and Boy Scout education /conditioning will do to you).

I spent almost all of my free time studying hard and got my High School GED and a little later a one year certificate of studies from the University of Maryland. I then applied for OCS (Officer Candidate School) after obtaining the minimum requisites.

I was accepted into OCS and commissioned Second Lieutenant in 1968. I knew that I'd end up in Vietnam, so I asked to be sent immediately. I arrived in Vietnam at the tail end of the Tet '68 offensive and I managed to survive two tours in Vietnam from 1968 to 1970, where I celebrated my 20th and 21st birthdays. I was honorably discharged and joined the VVAW (Vietnam Veterans Against the War) upon my return to the US. I'll write the longer detailed version of this story in another book, my memoir. Look for 'Pinballed' hopefully to be published by 2021.

Enfin, pour raccourcir une histoire longue, j'ai décidé de tirer le meilleur parti de ma stupidité (ou peut-être devrais-je appeler cela de la naïveté. Cette stupidité est ce que l'éducation des louveteaux et des boy-scouts / le conditionnement vous fera).

J'ai passé presque tout mon temps libre à étudier dur et j'ai obtenu mon diplôme d'études secondaires ; et un peu plus tard, un certificat d'études d'un an de l'Université du Maryland. J'ai ensuite postulé à l'OCS, Officer Candidate School (école des officiers de l'armée) en ayant les critères minimum requis.

En 1968, j'ai été accepté à l'OCS et diplômé second lieutenant. Je savais que je serai envoyé au Viêtnam, alors j'ai demandé à y être envoyé immédiatement. J'y suis arrivé à la fin des offensives du Têt '1968 et j'ai réussi à survivre deux affectations au Viêtnam entre 1968 et 1970, où j'ai passé mes 20e et 21e anniversaires. J'ai été honorablement déchargé de mon service, et à mon retour aux États-Unis j'ai adhéré à l'association *Vietnam Veterans Against the War* (Anciens Combattants du Viêtnam Contre la Guerre). J'écrirai la version détaillée de cette histoire dans un autre livre, mon mémoire. Surveillez la sortie de *Pinballed* qui devrait être publié en 2021.

THE MIND OF ONE
FREETHINKER
CAN POSSESS A
MILLION IDEAS.
A MILLION FANATICS
CAN HAVE THEIR
MINDS POSSESSED
BY A SINGLE IDEA.

I found this image (text) while doing research on the internet. Since I found no references to it being copyrighted, I thought it merited a place in this book. My compliments to the author.

TRADUCTION :

« L'ESPRIT D'UN SEUL
LIBRE-PENSEUR
PEUT POSSÉDER UN
MILLION D'IDÉES.

UN MILLION DE FANATIQUES
PEUT AVOIR LEUR ESPRIT POSSÉDÉ
PAR UNE SEULE IDÉE. »

J'ai trouvé cette image (texte) en faisant des recherches sur l'Internet. Puisque je n'ai pas trouvé d'indication de copyright, j'ai pensé qu'elle avait sa place dans ce livre. Mes compliments à l'auteur.

The Thinker

The Thinker is one of August Rodin's most famous statues. I wonder, was he Thinking? Pondering? Wondering? Contemplating? Or just daydreaming? To think, ponder, wonder, contemplate or imagine, you might ask yourself what's the difference? Not much or a whole lot? Are they just synonyms? I think, you think, we all think, but the question is how well do we all think? And why does it matter? The open rational mind set of Freethinkers creates a more honest,

The Thinker, Auguste Rodin (1840 -1917), bronze, H. 180 cm, W. 98 cm, D. 145 cm, 1903, Musée Rodin of Paris, France. Photo credit : Musée Rodin.

Le Penseur

Le Penseur est une des célèbres statues d'Auguste Rodin. Je me demande s'il était en train de penser ? De réfléchir ? De s'interroger ? De contempler ? Ou juste de rêvasser ? Vous devez vous demander quelle est la différence entre penser, réfléchir, s'interroger, contempler, ou imaginer ? Y en a-t-il peu ou beaucoup ? Est-ce que ce ne sont que des synonymes ? Je pense, vous pensez, nous pensons tous, mais la question est : quelle est la qualité de nos pensées ? Et pourquoi est-ce que ça nous importe ? L'état d'esprit ouvert et rationnel des libres-penseurs crée une société davantage honnête,

Le Penseur, Auguste Rodin (1840 -1917), bronze, H. 180 cm, L. 98 cm, P. 145 cm, 1903, musée Rodin de Paris, France. Crédit photo : Musée Rodin.

tolerant, respectful, and compassionate society.

I don't pretend to have all the answers, but they are worth considering. "To think" is probably an overly used verb with various meanings and connotations for many people.

But first things first, before one can legitimately call or consider oneself a Freethinker, one has to learn how to think. And learning how to think is not an easy task. It may come naturally for some and it certainly is difficult for many. Neil DeGrasse Tyson said, "In the end, it's the people who are curious who change the world." I believe that I'm lucky in the sense that I was born with perhaps a natural tendency to be curious. And it was this curiosity that led me to ask myself questions about almost everything and anything surrounding me. These questions brought about my search for knowledge and understanding and more questions. This whole process became a perpetual search for knowledge and understanding. Sometimes I believe that I think too much, but I'd rather think too much than not enough.

"I think, therefore I am" (René Descartes, 17th century French philosopher). We all think but not everyone is endowed with the same ability to think freely and rationally with an open mind. It has been said that there are 17 categories of intelligence, so it stands to reason that there must be at least 17 categories of thinking.

Almost everyone can think to some degree. The question is: How do we improve and develop our thinking processes?

Probably no one has written more about thinking (some 57 books as of this writing) in recent history than Edward de Bono who coined the term "lateral thinking".

tolérante, respectueuse et compatissante.

Je ne prétends pas avoir toutes les réponses, mais elles méritent d'être considérées. «Penser» est probablement un verbe trop souvent utilisé avec différentes significations et connotations pour beaucoup de personnes.

Mais chaque chose en son temps, avant que quelqu'un puisse s'appeler ou se nommer légitimement comme un libre-penseur, il doit apprendre comment penser. Et ce n'est pas une tâche facile. Cela peut venir naturellement pour certains et c'est sûrement difficile pour la plupart des gens. Neil DeGrasse Tyson a dit : «Au final, ce sont les gens curieux qui changent le monde». Je pense être chanceux dans le sens où je suis probablement né avec une tendance naturelle à être curieux. Et ce fut cette curiosité qui m'a amené à me poser des questions au sujet de tout ce qui m'entourait. Ces questions ont suscité ma recherche de connaissances et de compréhension ainsi que d'autres questionnements. J'ai aussi développé un appétit sain pour la lecture ; et d'abord pour des bandes dessinées qui ont stimulé mon imagination. Tout ce processus est devenu une recherche perpétuelle de la connaissance et de la compréhension. Parfois, il me semble que je pense trop mais je préfère trop penser que pas assez.

«Je pense, donc je suis» (René Descartes, philosophe français du 17e siècle). Nous pensons tous mais tout le monde n'est pas doté de la même capacité de penser librement et rationnellement avec un esprit ouvert. On dit qu'il y a 17 catégories d'intelligence, alors il va de soi qu'il doit y avoir au moins 17 catégories de pensée.

Presque tout le monde peut penser à un certain degré. La question est : Comment pouvons-nous améliorer et développer nos processus de pensée ?

Probablement personne n'a écrit plus au sujet de la pensée (il existe 57 livres au moment où j'écris) dans l'histoire récente que Edward de Bono, qui a inventé le terme de «pensée latérale».

What about vertical thinking, all around thinking, orthodox thinking, unorthodox thinking or just plain thinking? De Bono also implies in some of his books that thinking can be taught. I don't believe that everyone can be taught to think at the level attained by such thinkers as Einstein, de Beauvoir, Fuller, or Wollstonecraft, but any improvement in one's thinking is an accomplishment.

I have to admit that I have been influenced and inspired by some of De Bono's books and I still wonder if we can teach people to think more rationally and openly or just plain think. I certainly hope so. Perhaps the ability to think is founded on an innate capacity to reason sometimes measured by an individual's IQ. But what exactly does the testing that leads to an IQ number (score) really measure? Another good question!

But the question remains, can we teach people to think more profoundly and rationally? How and where do we start an individual's instruction on thinking? (A) At conception, (B) before birth or (C) in the crib, (D) all the above? My answer is (D). When people learn to think in a more profound and rational manner they gravitate towards atheism and can eventually become Freethinkers. When atheists claim to be Freethinkers, they're on the right track but there is still more work to be done before becoming a real Freethinker.

In most Western societies today, we can say that we're all created equal in Rights, but that's where equality ends. Women and racial minorities may seek equality in different domains, but they are often discriminated against. The biggest discriminating factor however lies in one's mental capacity to think.

Qu'en est-il de la pensée verticale, la pensée dans toutes ses formes, la pensée orthodoxe, la pensée non orthodoxe ou juste la pensée simple ? De Bono implique aussi dans certains de ses livres que la pensée peut être enseignée. Je ne crois pas que tout le monde puisse apprendre à penser au niveau atteint par des penseurs tels qu'Einstein, de Beauvoir, Fuller ou Wollstonecraft, mais toute amélioration de sa pensée est un accomplissement.

Je dois admettre que j'ai été influencé et inspiré par certains livres de De Bono et je me demande encore s'il est possible d'enseigner aux gens à penser plus rationnellement et ouvertement ou juste à penser tout court. Je l'espère sincèrement. Peut-être que la capacité à penser est fondée sur une capacité innée à raisonner, parfois mesurée par le Quotient Intellectuel (QI) d'un individu. Mais qu'est-ce que le test qui mène à un nombre de QI (score) mesure vraiment ? Voici une autre bonne question !

L'interrogation demeure : peut-on enseigner aux gens à penser plus profondément et rationnellement ? Comment et par où commence-t-on l'instruction d'un individu sur la pensée ? (A) Lors de la conception, (B) avant la naissance ou (C) dans le berceau, (D) L'ensemble des réponses précédentes ? Ma réponse est (D). Quand les gens apprennent à penser de manière plus profonde et rationnelle, ils gravitent autour de l'athéisme et peuvent éventuellement devenir des libres-penseurs. Quand les athées prétendent être libres-penseurs, ils sont sur la bonne voie mais il y a tout de même encore du travail avant de devenir un réel libre-penseur.

Dans la plupart des sociétés occidentales, nous pouvons dire que nous avons tous été créés égaux en droits ; c'est là que l'égalité s'arrête. Les femmes et les minorités raciales peuvent rechercher l'égalité dans divers domaines, mais elles se retrouvent souvent victimes de discrimination. Le facteur le plus discriminant réside cependant dans la capacité mentale de penser.

Women who think above the herd, in spite of the numerous prejudices against them, can eventually prevail and equal or rise above their male counterparts in certain circumstances. Women, as most of us know, have to be highly motivated and self-assured to prevail in male dominated societies.

All philosophers by definition are thinkers but not necessarily Freethinkers. But I have to admit that had I not been aware of so many philosophers and their philosophies I would have never become a Freethinker. First things first, one has to become a rational thinker before one can become a Freethinker. I have to credit Socrates and Plato for stimulating my young brain when I was thirteen. Becoming an atheist at fourteen was a logical progression but difficult to explain to my peers in school.

Why or even how I learned to think still remains somewhat of a mystery to me, but I know that I learned to think thanks to my deep founded and intense all-encompassing curiosity.

Do you have to be a Freethinker to think "outside the box"?
Definitely not.
Thinking "outside the box" is more or less simply widening one's thoughts or thinking processes.

"Outside the box" thinkers may eventually progress to become Freethinkers but it's not always the case. Freethinkers are and will probably remain "rare birds."

Les femmes qui pensent au-dessus de la moyenne, malgré de nombreux préjudices reçus, peuvent finalement prévaloir et égaler ou dépasser leurs homologues masculins dans certaines circonstances. Les femmes, comme la plupart d'entre nous le savent, doivent être fortement motivées et avoir de l'assurance pour se faire valoir dans une société dominée par les hommes.

Tous les philosophes par définition sont des penseurs, cependant, ils ne sont pas nécessairement des libres-penseurs. Mais je dois admettre que si je n'avais pas été conscient de l'existence de tant de philosophes et de leurs philosophies, je ne serais jamais devenu un libre-penseur. Tout d'abord, il faut devenir un penseur rationnel avant de devenir un libre-penseur. Je dois féliciter Socrates et Platon pour avoir stimulé mon jeune cerveau quand j'avais treize ans. Devenir un athée à quatorze ans a été une progression logique mais difficile à expliquer à mes pairs à l'école.

Pourquoi et même comment j'ai appris à penser reste encore un mystère pour moi, mais je sais que j'ai appris à penser grâce à ma profonde et intense curiosité pour tout.

Doit-on être libre-penseur pour sortir des sentiers battus ?
Certainement pas.
Penser « en dehors des sentiers battus » c'est plus ou moins simplement élargir ses pensées ou ses processus de pensée.

« En dehors des sentiers battus », les penseurs peuvent éventuellement progresser pour devenir libres-penseurs, mais ce n'est pas toujours le cas. Les libres-penseurs sont et demeureront probablement des « oiseaux rares ».

CHAPTER 4
Sexuality and Sex

"Chase away the natural, and it will come galloping back." This is a literal translation from French for one of Horace's epistles written about 18 BC. Ever since I learned this expression, I have felt that it certainly applies to numerous subjects, all of which we label "mother nature." That leads me to think about the #metoo movement today as it relates to the abuse mostly by men of women. I also think about the abuse perpetrated by Catholic priests upon children and nuns. It has a simple explanation, but certainly no justification for these heinous acts. Almost everyone has some sexual drive while some even have what could be labeled as excessive sexual drive. I believe that the French word "pulsion(s)" is more apt in describing the sexual drive. (Think of the roots for "Jet propulsion").

This sexual desire or drive, also known as libido, varies from one individual to another and it cannot be ignored. The Catholic church should not only be aware of this inherent human trait, but they should act upon it. By asking their priests to renounce their sexuality to show devotion to their God is simply absurd. And even though most heterosexual men (at least I hope most men) can keep their sexual drive in check and show respect towards women and others, it's not always the case. Men in a dominating position over women with a strong sexual drive like Harvey Weinstein, Bill O'Reilly, Matt Lauer, etc., will commit sexual harassment or assault. Make no mistake about it, sexual assault is a crime and should be punished as such. Sexual harassment should also be considered a misdemeanor criminal offence and treated as such. The difficulty will be in defining what constitutes sexual harassment and someone's romantic interest

CHAPITRE 4
Sexualité et sexe

« Chassez le naturel, et il revient au galop » est une traduction littérale d'un des épîtres d'Horace écrit vers l'an 18 avant J.-C. Depuis que j'ai appris cette expression, j'ai le sentiment qu'elle s'applique à de nombreux sujets, tous ceux qui proviennent de ce qu'on appelle « Mère Nature ». Cela m'amène à penser au mouvement *#metoo*, par rapport aux mauvais traitements infligés surtout par les hommes aux femmes. Je pense aussi aux abus perpétrés par les prêtres catholiques sur les enfants et les religieuses. Il a une explication simple, mais certainement aucune justification pour ces actes odieux. Presque tout le monde a des tendances sexuelles, certains ont même ce qu'on peut appeler des penchants sexuels excessifs. Je crois que le mot français « pulsion(s) » est plus apte à décrire la tendance sexuelle. (Pensez aux racines de « Jet à propulsion »).

Cette tendance ou ce désir sexuel, aussi connu sous le nom de libido, varie en fonction d'un individu à l'autre et ne peut être ignoré. L'Église catholique ne devrait pas seulement être consciente de cette caractéristique humaine, mais devrait prendre des mesures en conséquence. Demander à leurs prêtres de renoncer à leur sexualité pour montrer leur dévotion à leur dieu est simplement absurde. Et même si la plupart (du moins je l'espère pour la majorité) des hommes hétérosexuels peuvent contrôler leur pulsion sexuelle et faire preuve de respect envers les femmes et les autres, ce n'est pas toujours le cas. Les hommes dans leur position dominante sur les femmes comme Harvey Weinstein, Bill O'Reilly, Matt Lauer, etc., commettront des harcèlements sexuels ou des viols. Ne vous y trompez pas, l'agression sexuelle est un crime et devrait être punie en conséquence. La difficulté sera de définir ce qui constitue le harcèlement sexuel et l'inclinaison romantique d'une personne

in beginning a relationship with another person. But there is a definite need to clearly define the difference between showing interest in another person and demonstrating affection with no sexual innuendo intended. It's obvious that heterosexual men are attracted to women who appeal to their sexual instincts. Speaking of instincts, we all have them and it's important to know that they exist and how they govern our daily lives.

Most young women with strong maternal instincts will seek a desirable man to create a relationship to found a family, either thru marriage or in a committed relationship. So, it's only natural that these women will present themselves in the most physically attractive position possible in their search for the ideal man. Tall dark and handsome maybe? When you go fishing, you'll never know for sure what you'll catch especially in the game of seduction! Most women in the game of seduction will grow their hair long, use makeup, wear high heels and enhance their breasts as much as possible. Whatever works, works with most men.

If you wonder why women in countries where Islam is practiced wear clothing that partially covers or even completely covers their bodies (think Afghanistan, Saudi Arabia, etc.) that too should be obvious. It's simply to inhibit the male sexual drive as much as possible, especially in societies where men have little respect or do not provide equal rights for women.

I have to admit that I was shocked when I arrived in Kabul in 1972 and saw people walking around inside their own personal black tents with only a fishnet like opening in front of their eyes to enable them to see. Learning that the inhabitants of these black tents were women only

à commencer une relation avec une autre personne. Mais il faut clairement définir la différence entre manifester de l'intérêt pour une autre personne et manifester de l'affection sans insinuations sexuelles. Il est évident que les hommes hétérosexuels sont attirés par les femmes qui font appel à leurs instincts sexuels. En parlant d'instincts, nous en possédons tous et c'est important de savoir qu'ils existent et comment ils gouvernent notre vie au quotidien.

La plupart des jeunes femmes avec de forts instincts maternels chercheront un homme désirable afin de créer une relation pour construire une famille, soit par le biais du mariage, soit dans une relation engagée. Alors, naturellement, ces femmes vont se présenter de manière la plus attirante possible dans leur recherche de l'homme idéal. Peut-être un séduisant grand brun ? Quand vous allez à la pêche, vous ne saurez jamais sur quoi vous allez tomber, en particulier dans le jeu de la séduction ! Dans ce jeu, la plupart des femmes se laisseront pousser les cheveux très longs, se maquilleront, porteront des talons hauts et mettront leur poitrine en valeur autant que possible. Peu importe ce qui marche, cela fonctionne avec la plupart des hommes.

Si vous vous demandez pourquoi dans les pays où l'Islam est pratiqué les femmes portent des vêtements qui couvrent partiellement ou même complètement leurs corps (pensez à l'Afghanistan, l'Arabie Saoudite, etc.), cela aussi devrait être évident. C'est simplement pour inhiber le plus possible les pulsions sexuelles des mâles, en particulier dans des sociétés où les hommes ont peu de respect ou n'accordent pas l'égalité des droits aux femmes.

Je dois admettre que j'ai été sous le choc lorsque je suis arrivé à Kaboul en 1972 et que j'ai vu des gens marcher dans des tentes noires individuelles avec seulement une résille comme ouverture devant leurs yeux pour leur permettre de voir. Apprendre que les habitants de ces tentes noires étaient des femmes n'a fait

increased my astonishment.

Those individuals with non-normative sexual preferences will behave in similar manners and need to keep their sexual desires in check and show equal respect towards those who interest them sexually. I personally have been sexually harassed in my life and I certainly know how it feels. I'm thankful that it only happened on a few occasions when I was a teenager and a young man. As I grew older, I learned how to let those who made unwanted sexual overtures know that I wasn't interested by showing my disapproval aggressively. For those who are in a situation of subordination it's not obvious to use a forceful rebuttal because of perceived retribution, or some other form of serious consequences.

I don't believe that the human animal is fundamentally monogamous, and many researchers still debate this issue. I obviously can't speak for all, but it certainly is my impression that given the right circumstances, even those in committed and exclusive relationships, will adventure into a sexual encounter with another person outside of the committed relationship.

All contemporary religions condemn sexual encounters outside of marriage as sinful and label these encounters as adulterous. I'm not sure what all is included in the marriage vows of various religions but if in these vows it is specifically stated that there is a commitment to sexual exclusivity then I believe that that commitment should be respected. I've often heard that people who are married or in an exclusive relationship that have a sexual encounter with someone else, call this cheating on one's spouse or partner. I'm not going to argue semantics on this issue, but I think that there are perhaps more appropriate words to describe these sexual encounters.

qu'accroître mon étonnement.

Les personnes dont les préférences sexuelles n'entrent pas dans la « norme » se comporteront de manière similaire et devront contrôler leurs désirs sexuels et faire preuve d'un respect égal envers ceux qui les intéressent sexuellement. Personnellement, j'ai été sexuellement harcelé dans ma vie et je sais exactement ce qu'on peut ressentir. Je suis heureux que cela ne se soit produit que quelques fois lorsque j'étais adolescent et jeune homme. En vieillissant, j'ai appris à faire savoir à ceux qui me faisaient des avances sexuelles non désirées que je n'étais pas intéressé en montrant ma désapprobation agressivement. Pour ceux qui sont en position de subordination, ce n'est pas évident de formuler une réponse ferme en raison de possibles représailles, ou d'autres formes de répercussion graves.

Je ne crois pas que l'animal humain soit fondamentalement monogame, et de nombreux chercheurs débattent encore sur cette question. Je ne peux évidemment pas parler au nom de tout le monde, mais j'ai bien l'impression que dans certaines circonstances, même ceux qui sont dans une relation durable et exclusive, s'aventureraient dans une rencontre sexuelle avec une autre personne en dehors de la relation engagée.

Toutes les religions contemporaines condamnent les rencontres sexuelles hors mariage comme étant des péchés et qualifient ces relations d'adultères. Je ne suis pas certain de ce qui est inclus dans les vœux de mariage des diverses religions, mais s'il est spécifiquement indiqué qu'il y a un engagement d'exclusivité sexuelle, je crois que cet engagement devrait être respecté. J'ai souvent entendu dire que les personnes mariées ou dans une relation exclusive qui ont une relation sexuelle avec quelqu'un d'autre, appellent cela tromper son conjoint ou son partenaire. Je ne vais pas argumenter sur la sémantique de cette question, mais je pense qu'il y a peut-être des mots plus appropriés pour décrire ces rencontres sexuelles.

Often these sexual "excursions"result in the unfortunate end of marriages and relationships unnecessarily.

I personally have been married twice but I've been honest in stating before making any marriage vows that I didn't believe that I was capable of maintaining a sexually exclusive relationship and my partners clearly understood my position. My first wife and I never considered any form of a sexually exclusive relationship. We believed that varied sexual relationships as being educational, exciting and adding spice to our lives. My second wife had a slightly different point of view. She said, "OK, but you don't fuck my girlfriends and I don't want to know about it, and I don't want any STD's". We came to an agreement, so I always carried the necessary protection.

Robert Kraft, New England Patriots owner, is as of this writing in March 2019, being criminally charged for soliciting a sex act for payment. Procuring sexual gratification in exchange for money is quite common throughout the world and is in some places either tolerated or legal. In the state of Nevada it is legal, and it appears that both parties involved are satisfied with the results. Yes, we're talking about prostitution. And it has often been labeled "the worlds' oldest profession."

What's not commonly understood is that we all engage in services rendered for money. We're all **WHORES**! I don't particularly care for this word as it has such a bad connotation. But I implore people to please think about it.

We sell our capacity to physically do things like lifting boxes, driving vehicles and typing letters and this list is exhaustive. Those who request those services pay those who perform them, and we all accept this as normal.

Souvent, ces «excursions» sexuelles entraînent la fin malheureuse de mariages et de relations inutilement.

Personnellement, j'ai été marié deux fois, mais j'ai été honnête en déclarant avant de faire quelconque vœu de mariage que je ne croyais pas être capable de maintenir une relation sexuelle exclusive et mes partenaires ont clairement compris ma position. Ma première femme et moi n'avons jamais envisagé une relation sexuelle exclusive. Nous croyions que les relations sexuelles variées étaient éducatives, passionnantes et ajoutaient du piment à nos vies. Ma deuxième femme avait un point de vue légèrement différent. Elle a dit : «OK, mais tu ne baises pas mes copines et je ne veux pas le savoir, et je ne veux pas de MST». Nous sommes arrivés à un accord, donc j'ai toujours porté la protection nécessaire.

Robert Kraft, le propriétaire des New England Patriots (équipe professionnelle de football américain), est, au moment où j'écris en mars 2019, sujet d'une mise en examen pour avoir sollicité un acte sexuel contre paiement. Procurer du plaisir sexuel contre de l'argent est assez commun à travers le monde et c'est dans certains endroits toléré ou légalisé. Dans l'État du Nevada (États-Unis), c'est légal et il semble que les deux parties impliquées soient satisfaites du résultat. Oui, nous parlons de prostitution. Et elle a souvent été qualifiée comme la «profession la plus ancienne» du monde.

Généralement, ce qu'on ne comprend pas c'est que nous offrons tous des services pour de l'argent. Nous sommes tous des **PUTES** ! Je n'apprécie pas particulièrement ce mot car il a une très mauvaise connotation. Mais j'implore les gens de bien vouloir y réfléchir.

Nous vendons nos capacités à faire des choses physiques comme soulever des boîtes, conduire des véhicules, taper des lettres, et cette liste est exhaustive. Ceux qui nécessitent ces services paient ceux qui les exécutent, et nous acceptons tous que c'est normal.

So, what's the big difference in paying for sex?!

In a Freethinking world, only in puritanical religious societies would criminalize paying for sexual gratification.

Let's get rid of "prostitution" (the word, not the act) and use the term "sexual services." Why is providing sexual pleasure for money such a reprehensible service (job)? Not only should it be perfectly legal, but it should also be licensed for health reasons and to ensure that no one is exploited in or forced into sexual services. The advantages of legalizing sexual services for hire by far outweigh the continuing prosecution of those seeking sexual pleasure and paying for it. We just might have less sexual assault and harassment. If legalizing sexual services for hire results in less sexual assault and harassment, what's wrong with that?

Sexual harassment, sexual assault, and the #metoo movement
Unfortunately, I do not believe that we will see an end to sexual harassment or assault in the next century because basic educational curriculums worldwide do not value teaching respect in and about sexual relationships. Teaching the basic mechanics of sex in sex education is far from what is needed. A simple anatomical drawing is sufficient for describing the different sexual organs in males and females. But what is really needed is a more profound discussion of male and female differences i.e., sexual drives, conditioned reflexes, social and peer pressure that influence men and women throughout their lives.

I understand that most uncommitted single men and women want to be seen

Alors quelle est la différence avec le fait de payer pour du sexe ?!

Dans un monde de libres-penseurs, seul les sociétés religieuses puritaines incrimineraient le fait de payer pour une satisfaction sexuelle.

Débarrassons-nous du mot « prostitution » (le mot, pas l'action) et utilisons plutôt le terme de « services sexuels ». Pourquoi fournir du plaisir sexuel contre rémunération est-il un service (emploi) aussi répréhensible ? Non seulement ça devrait être parfaitement légal mais ça devrait également être autorisé pour des raisons de santé et pour veiller à ce que personne ne soit exploité ou contraint d'effectuer des services sexuels. Les avantages de la légalisation des services sexuels à l'embauche l'emportent de loin sur ceux de la poursuite judiciaire de ceux qui sont à la recherche de plaisirs sexuels payants actuellement illégaux. Il devrait juste y avoir moins d'agressions sexuelles et de harcèlement. Si le résultat de la légalisation de la location de services sexuels est moins de harcèlements et moins de viols, qu'y a-t-il de mal à cela ?

Harcèlement sexuel, viol, et le mouvement #metoo

Malheureusement, je ne pense pas qu'on verra une fin au harcèlement sexuel ou au viol dans le siècle à venir parce que les programmes éducatifs de base du monde entier ne valorisent pas l'enseignement du respect dans les relations sexuelles. Enseigner la mécanique élémentaire du sexe est loin de ce dont nous avons besoin. Un simple dessin de l'anatomie suffit pour décrire les différents organes sexuels chez les mâles et les femelles. Mais ce dont nous avons réellement besoin est une discussion plus approfondie autour des différences entre les hommes et les femmes, c'est-à-dire, à propos des pulsions sexuelles, des réflexes conditionnés, de la pression sociale et la pression de notre entourage qui influencent les hommes et les femmes tout au long de leur vie.

Je comprends que de nombreux célibataires veuillent être perçus

as attractive in the game of seduction. But women, especially need to understand that flouting their physical attributes by wearing translucid and revealing clothing will excite any "normally constituted heterosexual male" and some females.

Therefore, women should understand that some men have an inherent sexual drive that overrides their rational thinking. Perhaps this is a simple analogy, but valid nevertheless but it's like waving a red flag at a bull trained to attack a waving red flag.

Sexual drive, libido

It is important to understand that no individual, male or female, will have exactly the same sexual drive or libido. Generally speaking, males have a tendency to have stronger sex drives than women in different periods in their lives. I'm not saying that women don't have strong sexual drives, because they do. It's rare that a man and a woman express the same degree of libido at the same time especially in long term relationships. The consensual "one-night stands" sexual encounters are probably the exception to the rule where the partners in sex both have a strong desire for fornicating.

Sexualization/Objectification of Women

It's hard to say when sexualization/objectification of women began, but I can only assume that it originated a very long time ago.

Even today, women are still considered a man's possession in many societies.

comme attirants dans le jeu de la séduction. Mais les femmes, en particulier, ont besoin de comprendre que faire valoir leurs attributs physiques en portant des vêtements translucides et révélateurs va exciter la plupart des hommes "hétérosexuels normalement constitués", et même quelques femmes.

Par conséquent, les femmes devraient comprendre que certains hommes ont des pulsions sexuelles inhérentes qui passent outre leur pensée rationnelle. C'est peut-être une simple analogie, toutefois valable ; c'est comme secouer un drapeau rouge devant un taureau dressé pour l'attaquer.

Pulsion sexuelle, libido

Il est important de comprendre qu'aucun individu, homme ou femme, n'aura exactement le même désir sexuel ou la même libido. De façon générale, les hommes ont tendance à avoir des pulsions sexuelles plus fortes que les femmes à différentes périodes de leur vie. Je ne dis pas que les femmes n'ont pas de fortes pulsions sexuelles, elles en ont. Il est rare qu'un homme et une femme expriment le même degré de libido au même moment, surtout au cours d'une relation de longue durée. Les rencontres sexuelles consensuelles d'une nuit sont probablement l'exception à la règle où les partenaires sexuels ont tous deux un fort désir de fornication.

Sexualisation / objectification des femmes

Il est difficile de déterminer à quel moment la sexualisation / l'objectification des femmes commence, mais je ne peux que supposer qu'elle a débuté il y a très longtemps.

Même aujourd'hui, les femmes sont encore considérées comme la possession d'un homme dans de nombreuses sociétés.

In ancient China, the binding of young women's feet (foot binding) was considered elegant and erotic. Erotic because it obliged women to take small steps making their asses bounce and wiggle in a fashion that stimulated a sexual desire in men. The practice of foot binding has only recently been made illegal in China (in the early 20th century). Today, men have convinced women that wearing pointed high heeled shoes make them more sexually attractive while incurring much less physical damage. Nevertheless, there still is some physical damage that women accept to please men. **SAD!**

Not so long ago, I was shocked when I heard about a Victoria Secret model criticized for not being sexy because she had short hair! So if a woman is to be considered attractive and sexy, she must have long hair?! I don't think so, but both men and women probably need to be de-conditioned.

Breasts - yes, all women have breasts in varying sizes and shapes, including nipples. Why is our society excessively obsessed with women's breasts that so many women feel the necessity to have them enlarged, reduced, or modified? I don't think we should!
Asses (buttocks) and other body parts, and I'm not going to discuss polished finger and toenails, dyed hair, lipstick, and other cosmetics, tanning creams or lotions, skin whiteners, and skin tighteners. Have I forgotten something?

Conclusion: Unfortunately, women are highly sexualized / objectified, and so are men to some extent in all societies today.

Dans la Chine ancienne, le bandage des pieds de jeunes femmes était considéré comme élégant et érotique. Érotique parce que ça obligeait les femmes à marcher à petits pas, ce qui faisait rebondir et bouger leurs fesses d'une manière qui stimulait un désir sexuel chez les hommes. La pratique du bandage de pieds n'est devenue illégale que récemment en Chine (au début du 20e siècle). Aujourd'hui, les hommes ont convaincu les femmes que porter des chaussures à talons hauts les rendaient plus attractives sexuellement tout en su bissant beaucoup moins de dommages physiques. Néanmoins, il y a encore quelques dommages physiques que les femmes acceptent pour plaire aux hommes. **C'EST TRISTE !**

Il n'y a pas si longtemps, j'ai été frappé quand j'ai entendu parler qu'un modèle de Victoria Secret avait été critiqué pour ne pas être sexy parce qu'elle avait les cheveux courts ! Donc, si une femme doit être considérée comme attrayante et sexy, elle doit avoir les cheveux longs ?! Je ne le pense pas, mais les hommes et les femmes ont probablement besoin d'être dé-conditionnés.

Seins - oui, toutes les femmes ont des seins de taille et forme variables, en incluant les mamelons. Pourquoi notre société est-elle si excessivement obsédée par la poitrine des femmes si bien que beaucoup d'entre elles ressentent la nécessité de les amplifier, réduire, ou modifier ? Je ne pense pas qu'on le doive !
Cul (fessiers) et autres parties du corps, et je ne parlerai pas des ongles de mains et de pieds vernis, cheveux colorés, rouge à lèvre et autres cosmétiques, crèmes ou lotions bronzantes, blanchissement de peau, raffermissement de peau. Ai-je oublié quelque chose ?

Conclusion : Malheureusement, de nos jours, dans toutes les sociétés, les femmes sont hautement érotisées / objectifiées, et il en est de même pour les hommes dans une certaine mesure.

62

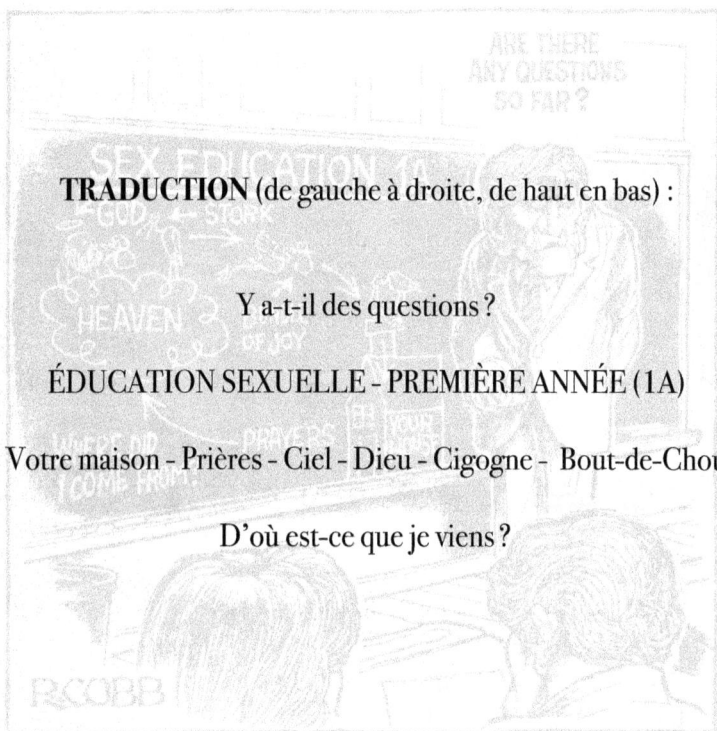

TRADUCTION (de gauche à droite, de haut en bas) :

Y a-t-il des questions ?

ÉDUCATION SEXUELLE - PREMIÈRE ANNÉE (1A)

Votre maison - Prières - Ciel - Dieu - Cigogne - Bout-de-Chou

D'où est-ce que je viens ?

CHAPTER 5
Religion

"Who burnt heretics? Who roasted or drowned millions of 'witches'? Who built dungeons and filled them? Who brought forth cries of agony from honest men and women that rang to the tingling stars? Who burnt Bruno? Who spat filth over the graves of Paine and Voltaire? The answer is one word -- CHRISTIANS."

G.W. Foote
British secularist & Atheist speaker

"Are Atheists Wicked?," chapter from
Flowers of Freethought (1894)

Are Freethinkers moral?

If being moral is having a high standard or notion of what is right or wrong, then Freethinkers are just as moral if not more so than most. Morality is not confined to religious doctrine, regardless of the religion or philosophical beliefs.

No religion can claim to be moral that condones the assassinations or imprisonment of those who have differing ideas or opinions. It was not so long ago that Catholics were killing Protestants and Protestants were killing Catholics, even though they had the same god! And their moral philosophy said something about loving your neighbor and not killing them!

CHAPITRE 5
Religion

Les libres-penseurs sont-ils moraux ?

Si être moral est d'avoir une norme ou une notion élevée de ce qui est bien ou mal, alors les libres-penseurs sont tout aussi moraux, sinon plus, que la plupart des gens. La morale ne se limite pas à la doctrine religieuse, quelles que soient la religion ou les croyances philosophiques.

Aucune religion ne peut prétendre être morale et tolérer les assassinats ou l'emprisonnement de ceux qui ont des idées ou des opinions différentes. Il n'y a pas si longtemps, les catholiques tuaient les protestants et les protestants tuaient les catholiques, même s'ils avaient le même dieu ! Et leur philosophie morale parlait d'aimer son prochain et de ne pas le tuer !

Religion can be defined simply as a belief in a higher deity or deities that includes a philosophy of life and adherence to a moral code. There are and have been so many religions that it is impossible to single out any one as being any better than the other. And why would it be necessary to determine that one is better than another? Ask the Jews, the Christians, the Muslims, the Hindus and the Buddhists... as they've been killing each other for as long as anyone can remember. Perhaps they know which one is best.

Since religion can be perceived as a "crutch" for those who are incapable of profound rational thinking, it's understandable to see why so many religions have come into existence and continue to survive throughout the history of humanity. Those who promulgate religious dogma have absolutely no interest in teaching rational thinking as they would lose their power and influence over those who follow their irrational thinking.

I often think about why we, the human animal, are so ensconced in all these different religions, and I don't have all the answers but I'm sure that one of the main reasons for our religious attachments is that the vast majority of humans can't accept that there is no life after death. Almost all religions lead their followers to believe that they will live forever and that life in the afterlife will be better than the life that they currently have. This is where the moral philosophy that religious leaders promulgate, alongside the idea that we will live forever, takes its' roots.

Another major reason for the development and practice of so many religions is to explain and justify the existence of the humanity and the universe. The origin of the universe remains one of the great mysteries amongst scientists throughout the world. And it's this mystery, among others, that provides religion(s) with an enormous

La religion peut être définie simplement comme une croyance en une divinité supérieure ou en des déités, qui comprend une philosophie de la vie et l'adhésion à un code moral. Il y a et il a existé tellement de religions qu'il est impossible de distinguer l'une comme étant meilleure que l'autre. Et pourquoi serait-il nécessaire de faire ce choix ? Demandez aux juifs, aux chrétiens, aux musulmans, aux hindous et aux bouddhistes ... puisqu'ils s'entre-tuent depuis le début des temps, peut-être savent-ils quelle est la meilleure religion.

Puisque la religion peut être perçue comme une « béquille » pour ceux qui sont incapables d'une pensée profonde et rationnelle, il est compréhensible de voir pourquoi tant de religions sont nées et continuent de survivre à travers l'histoire de l'humanité. Ceux qui promulguent les dogmes religieux n'ont absolument aucun intérêt à enseigner la pensée rationnelle puisqu'ils perdraient leur pouvoir et leur influence sur ceux qui suivent leur pensée irrationnelle.

Je me demande souvent pourquoi nous, les animaux humains, sommes si enclavés dans toutes ces religions différentes, et je n'ai pas toutes les réponses mais je suis sûr que l'une des raisons principales est que la grande majorité des humains ne peuvent accepter qu'il n'y ait pas de vie après la mort. Presque toutes les religions ont mené leurs adeptes à croire qu'ils vivront pour toujours et que la vie dans l'au-delà sera meilleure que la vie qu'ils ont actuellement. C'est là que la philosophie morale que les chefs religieux promulguent, parallèlement à l'idée que nous vivrons pour toujours, prend ses racines.

Une autre raison majeure au développement et à la pratique de tant de religions est d'expliquer et de justifier l'existence de la race humaine et de l'univers. L'origine de l'univers reste un des grands mystères chez les scientifiques à travers le monde. Et c'est ce mystère parmi d'autres qui donne à la (aux) religion(s) une énorme

opportunity to justify their existence.

Recently the Chinese government is trying to de-religionize (de-condition) the Uygurs in 're-education camps. Physical restraint and abuse have never worked before so their effort to transform the Uygurs into Atheists will fail and the human rights abuses perpetrated by the Chinese will only inflame world opinion about the abuse of human rights in China.

So, what good is religion? Absolutely nothing? I don't think so. Like I've previously mentioned, religion not only serves as a "crutch" but provides a moral yardstick for those who need one. Unfortunately, this moral yardstick is frequently disregarded by even the most fervent religious practitioners.

opportunité de justifier leur existence.

Récemment, le gouvernement chinois a tenté de dé-religioniser (déconditionner) les Ouïgours dans les camps de ré-éducation. Les restrictions physiques et les abus n'ont jamais fonctionné auparavant, alors leurs efforts pour transformer les Ouïgours en athées échoueront et les violations des droits humains perpétrées par les Chinois ne feront qu'enflammer l'opinion mondiale au sujet des abus des droits humains en Chine.

Alors, à quoi bon sert la religion ? Absolument à rien ? Je ne pense pas. Comme je l'ai mentionné précédemment, la religion ne sert pas seulement de « béquille », mais elle fournit un fondement moral pour ceux qui en ont besoin. Malheureusement, cette mesure morale est souvent négligée même par les pratiquants religieux les plus fervents.

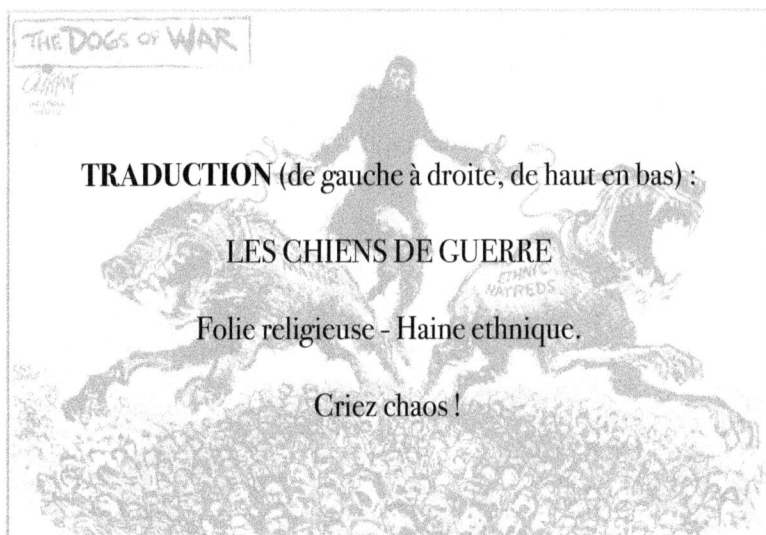

TRADUCTION (de gauche à droite, de haut en bas) :

LES CHIENS DE GUERRE

Folie religieuse - Haine ethnique.

Criez chaos !

In the Spring of 2019 there are considerable discussions about the use of social media to promote hate, division and violence and how to limit the nefarious aspects of social media without infringing upon the sacred right of free speech. Maybe we should redefine free speech keeping in mind the basic principle; "My freedom ends where yours begins." I don't believe promoting lies, hate, division (discrimination) and violence are worthy of protection under the ideal of free speech and neither should any intelligent human being.

If we eliminate that which is considered evil from social media, poor Mr. Trump among others would be excluded from his Twitter and other social media accounts. OH MY! SO SAD!

You don't have to be a genius to realize that the solution could be relatively simple. Before someone is allowed to publish or upload material on social media, they would have to be screened for their content to be validated. Censorship? Not necessarily, but postings could be labeled according to their merit or flagged according to their nefarious aspect. For some we're still talking about censorship, but we have to decide what we want. Do we want the promulgation of hate, lies and appeals for violent action or do we want to eliminate this kind of propaganda on social media? That is the question!

Au printemps 2019, il y a eu des discussions considérables au sujet de l'utilisation des médias sociaux pour promouvoir la haine, la division et la violence ; et autour de la question de comment limiter les aspects néfastes de ces médias sociaux, sans empiéter sur le droit sacré à la liberté d'expression. Nous devrions peut-être redéfinir la liberté d'expression en gardant à l'esprit le principe de base : « Ma liberté se termine là où la vôtre commence. ». Je ne crois pas que promouvoir les mensonges, la haine, la division (discrimination) et la violence soit digne d'être protégé au titre de l'idéal de la liberté d'expression, et aucun être humain intelligent ne devrait l'être.

Si nous éliminons ce qui est considéré comme le mal des médias sociaux, le pauvre M. Trump, entre autres, serait exclu de son compte Twitter et d'autres comptes de réseaux sociaux. HÉ BAH ! C'EST SI TRISTE !

Il ne faut pas être un génie pour réaliser que la bonne solution peut être relativement simple. Avant que quelqu'un ne soit autorisé à publier ou à télécharger des contenus sur les réseaux sociaux, il faudrait qu'il fasse l'objet d'une présélection pour que son contenu soit validé. De la censure ? Pas forcément, mais les publications pourraient être classées selon leur mérite ou signalées pour leur aspect répréhensible. Pour certains, on parle encore de censure mais nous devons choisir ce que nous voulons. Voulons-nous la promulgation de la haine, de mensonges et d'appels à la violence ou voulons-nous éliminer cette forme de propagande sur les réseaux sociaux ? C'est bien la question !

Chapter 6
Freethinking and Democracy

Democracy as we know it today has been around for a century or two but has its roots going back to ancient Greece and earlier. Democracy as it is widely practiced in many countries today is failing. We should be calling it old democracy and we should be diligently working on a new form of government to replace this antiquated democracy. Before many women were given the right to vote in the early 20th century, the right to vote was reserved for men only and even then, it still remained in the hands of an elite few. We could have called it a modern aristocracy, but it was more acceptable to call it democracy.

What I have a hard time imagining is how to resolve the dilemma of how to create a just voting system when there are so many individuals lacking the intelligence to reason and think rationally. Should so many people be governed by such a high percentage of individuals who lack the necessary education and intelligence to make rational choices? We may all be supposedly equal in rights, but we are not equally endowed in intelligence and the ability to reason.
(Note: There are many tests that claim to evaluate the intelligence of human beings and I'll simply generalize by saying that the average IQ of 100 or less pertains to about 60% of the population).

It has been well documented thru validated scientific studies that the majority of eligible voting individuals lack the intellectual capacity (IQ) to think with an elevated capacity to reason.

We therefore have to admit that we are governed by politicians who have had to solicit their electors and their votes from

Chapitre 6
Libre-pensée et démocratie

La démocratie telle que nous la connaissons aujourd'hui existe depuis un siècle ou deux, mais ses racines remontent à la Grèce antique et même à plus tôt. Actuellement, la démocratie largement pratiquée dans de nombreux pays est défaillante. Nous devrions l'appeler la vieille démocratie et nous devrions travailler diligemment sur une nouvelle forme de gouvernement pour remplacer cette démocratie antique. Avant que de nombreuses femmes n'obtiennent le droit de vote au début du 20e siècle, il était exclusivement réservé aux hommes, et encore, il est resté dans les mains de quelques élites. Nous aurions pu appeler cela une aristocratie moderne mais il était plus acceptable de l'appeler démocratie.

Ce qui m'est le plus difficile est d'imaginer comment résoudre le dilemme pour créer un système de vote juste lorsque tant de monde manque d'intelligence pour raisonner et penser rationnellement. Un si grand nombre de personnes devrait-il être gouverné par un pourcentage aussi élevé d'individus qui n'ont pas l'éducation, ni l'intelligence nécessaires pour faire des choix rationnels ? Nous sommes tous censés être égaux en droits mais nous ne sommes pas dotés également en intelligence et en capacité de raisonner.
(Note : Il y a beaucoup de tests qui prétendent évaluer l'intelligence des êtres humains et je vais simplement généraliser en disant que le QI de 100 ou moins se rapporte à environ 60 % de la population).

Des études scientifiques vérifiées ont démontré que la majorité des individus éligibles au vote manque de capacité intellectuelle (QI) pour réfléchir avec une capacité élevée de raisonner.
Nous devons alors admettre que nous sommes gouvernés par des politiciens qui ont dû solliciter leurs électeurs et leurs votes parmi

the lower two thirds of the IQ range of the voting public.

Hillary Clinton at one time described Trump voters as "deplorable". She immediately had to apologize! We obviously cannot discriminate against people who do not have an IQ in the upper third of the population, or who have not been given an adequate education to improve their thinking processes to be more rational. One has to remember that many of these "deplorables" were the ones who made the ultimate sacrifice on the beaches of Normandy and in other battles during WWII. They are also the ones who do the most undesirable work in our society. They deserve at the very least respect and consideration!

But the question remains, do we want our society governed by the lower two thirds on the IQ scale or by the upper third on the IQ scale of those having the right to vote? This is the most difficult dilemma that I've had to deal with, and I don't have a satisfactory answer, but a solution is definitely needed. Since we are in dire need of a replacement for our current democracies, then some form of pyramidal, deliberative or participative government will be the solution, but the development of this new system of government is altogether a different problem.

Problems are meant to be solved. And one, if not the biggest problem we have today, is the fact that the various forms of modern democracy don't work! Everyone in a civilized humanitarian society, will probably agree that some form of a new revised democratic government is needed. And most probably a participative form of government will better suit our needs today. The sooner we understand this and get to work the better off our society will be.

les deux tiers inférieurs du QI des électeurs.

Hillary Clinton, à un moment, a décrit les électeurs de Trump comme des « déplorables ». Elle a été immédiatement obligée de s'excuser ! Nous ne pouvons pas discriminer les personnes qui n'ont pas un QI appartenant au tiers supérieur de la population, ou qui n'ont pas été dotés d'une éducation adéquate pour améliorer leurs processus de pensée pour être plus rationnels. Il faut se rappeler que la plupart de ces individus « déplorables » ont été ceux qui ont été massacrés sur les plages de Normandie et durant d'autres batailles pendant la Deuxième Guerre mondiale. Ce sont aussi ceux qui font les travaux les plus pénibles dans notre société. Ils méritent au moins notre respect et notre considération !

Mais la question demeure : souhaitons-nous que notre société soit gouvernée par les deux tiers inférieurs sur l'échelle du QI ou par ceux appartenant au tiers supérieur de ceux qui ont le droit de vote ? C'est le dilemme le plus difficile que j'ai dû résoudre et je n'ai pas de réponse satisfaisante, mais une solution est nécessaire. Puisque nous avons désespérément besoin de remplacer les démocraties actuelles, alors des formes de gouvernement pyramidal, délibératif ou participatif sera la solution, mais le développement de ce nouveau système de gouvernement est un tout autre problème.

Les problèmes sont faits pour être résolus. Et l'un d'eux, si ce n'est le plus important que nous ayons aujourd'hui, est que les diverses formes de la démocratie moderne ne fonctionnent pas ! Chacun dans une société humaine civilisée acceptera probablement que certaines formes d'un gouvernement démocratique nouvellement révisé soient nécessaires. Et plus probablement qu'une forme participative de gouvernement s'accordera au mieux avec nos besoins actuels. Le plus tôt nous comprendrons cela et nous nous mettrons au travail, le mieux ce sera pour notre société.

First of all, we need to debate the fine details of what a participative form of government is and how it will work. What's also important is the need to come up with a popular name for this form of government. One can see that political parties are constantly changing their names and slogans to attract a greater number of adherents and voters and it works. Names and slogans matter!

So once we get beyond a name for a new form of government it would also be advisable to use the internet to dialog and vote on serious proposals as we all know that the internet is a powerful vehicle for change. The technology in our relatively new digital world will allow almost everyone in the world to communicate worldwide and allow them to vote on current issues!

Modern Democracy

As previously mentioned, democracy in the 21st century could be modernized by developing what is sometimes called a participatory democracy. Today and for the past decade or so, participatory democracy has and is being discussed as a better form of government as compared to representative democracy as generally practiced in most countries that claim to have a democratic government.

In representative democracy, eligible voters are simply asked to go to a voting station and vote using ballots (paper or electronic) whenever necessary or required. This system requires little effort on the part of voters and even then, not everyone will make the effort to vote for various reasons, but mainly those who don't vote are just plain being lazy!
Perhaps Participatory Democracy is a valid alternative.

D'abord, nous devons débattre sur les détails de ce qu'est une forme participative de gouvernement et comment elle fonctionne. Ce qui est aussi important c'est le besoin de trouver un nom apprécié pour ce gouvernement. On peut observer que les partis politiques changent constamment leurs noms et slogans pour attirer un plus grand nombre d'adhérents et d'électeurs, et cela marche. Les noms et les slogans ont de l'importance !

Alors une fois que nous allons au-delà d'un nom pour une nouvelle forme de gouvernement il serait aussi conseillé d'utiliser internet pour dialoguer et voter des propositions sérieuses puisque nous savons que l'internet un est puissant moyen pour promouvoir le changement. La technologie dans notre relatif nouveau monde digital permettra presque à chacun dans le monde de communiquer mondialement et de voter sur les questions d'actualité !

Démocratie moderne

La démocratie au 21e siècle pourrait être modernisée en développant ce qu'on appelle parfois une démocratie participative. Aujourd'hui et depuis une dizaine d'années, la démocratie participative est considérée comme une meilleure forme de gouvernement que la démocratie représentative, généralement pratiquée dans la plupart des pays qui prétendent avoir un gouvernement démocratique.

Dans une démocratie représentative, les électeurs admissibles sont simplement invités à se rendre à un bureau de scrutin et à voter au moyen de bulletins de vote (papier ou électronique) lorsque c'est nécessaire ou inéluctable. Ce système exige peu d'efforts de la part des électeurs et quoi qu'il en soit, tout le monde ne fera pas l'effort de voter pour diverses raisons, mais principalement, ceux qui ne votent pas sont tout simplement paresseux !
La démocratie participative est peut-être une alternative valable.

Participatory Democracy (PD) however requires more effort and is likely to motivate more rational intelligent voters to be involved in the legislative process. One has to wonder why in technologically advanced countries voting is not yet allowed using each individuals' computer or even smart phones to vote. Issues to be determined important and requiring legislative action could be discussed openly in public forums and after thoroughly being debated and advised by experts, if needed, could easily be voted upon. No printed ballots would definitely save a few trees and reduce air pollution. And important urgent or pressing problems could be discussed and voted upon in a timely manner without having to wait for the next voting dates to be determined.

As PD is being discussed more as an alternative today, there are several models being considered and there is plenty of room for other models to be developed and debated. But one thing is certain, democracy as practiced in the US, Europe and elsewhere needs to be relegated to history books while a new modern democracy is established.

An unfortunate and frankly obscene reality is that our good looking, sweet talking and well-heeled politicians, generally speaking, don't really have the interests of a well governed equitable society in mind.

Elle nécessite toutefois plus d'efforts et est susceptible de motiver des électeurs intelligents plus rationnels à s'impliquer dans le processus législatif. On peut se demander pourquoi, dans les pays technologiquement avancés, le vote n'est pas encore autorisé à travers l'utilisation de l'ordinateur ou même de smartphones personnels. les questions importantes à déterminer et nécessitant une action législative pourraient être discutées ouvertement dans des forums publics et après avoir fait l'objet d'un débat approfondi et d'avis d'experts, au besoin, pourraient facilement faire l'objet d'un vote. La disparition de bulletins de vote imprimés, permettrait certainement de sauver quelques arbres et de réduire la pollution atmosphérique.

Étant donné que la démocratie participative est davantage discutée comme une solution de rechange aujourd'hui, plusieurs modèles sont envisagés et il y a beaucoup de place pour d'autres modèles à développer et à débattre. Mais une chose est certaine, la démocratie telle qu'elle est pratiquée aux États-Unis, en Europe et ailleurs doit être reléguée aux livres d'histoire pendant qu'une nouvelle démocratie moderne est établie.

Ce qui n'est pas seulement dommage mais aussi franchement obscène c'est que nos politiciens, beaux, flatteurs et bien nantis, de façon générale, n'ont pas à l'esprit les intérêts d'une société équitable et bien gouvernée.

Out with the old and in with the new, is never easy as history has shown us on many occasions.

Rejeter l'ancien et accepter le nouveau, n'est jamais facile comme l'histoire a pu nous le montrer à maintes occasions.

Capitalism, Free Enterprise and Free Market

Capitalism can be loosely defined as an entity or an individual having the ability to freely market, obtain and retain the results of their travails.

Many books and theories have been written about capitalism equating it with free enterprise in a free market. There are many laws and regulations in the free market philosophy so one would could argue that it's not entirely free. Most of these laws in democratic societies are designed to protect consumers of products and services from those who abuse the free market philosophy.

However, it's unfortunate that unbridled capitalism has created the gigantic **MESS** that is easily visible to any intelligent individual willing to open their eyes. And when I say **MESS**, that's obviously an understatement!

The world's population has doubled in the past 50 years from 4 billion to about 8 billion today and will probably increase in the next 50 years to approximately 12 billion according to some futurologists! Everyone wants a better life that includes a nice home, with a washing machine, TV and all kinds of electronic systems and gadgets, and a car, and the list goes on...

Is this some kind of collective suicide?! If we don't get our act together, we, collectively speaking, are acting like cancer cells that kill the host. That host is us and a lot of other animal species as well. Just think, the world's commercial aircraft fleet is expected to increase by over 30% in the next decade to about

Capitalisme, libre entreprise et marché libre

Le capitalisme peut être défini sommairement comme une entité ou une personne privée ayant la possibilité de vendre librement, en bénéficiant et en conservant le fruit de ses travaux.

Beaucoup de livres et de théories ont été écrits au sujet du capitalisme en l'apparentant à la libre entreprise dans un marché libre. Il y a de nombreuses lois et réglementations dans la philosophie du marché libre pour que l'on puisse soutenir qu'il n'est pas entièrement libre. Dans les sociétés démocratiques la plupart de ces lois sont destinées à protéger les consommateurs des produits et services de ceux qui abusent de la philosophie du marché libre.

Cependant, c'est dommage que le capitalisme débridé ait créé un énorme **DÉSORDRE**, flagrant pour n'importe quel individu doté d'intelligence voulant bien ouvrir leurs yeux. Et quand je dis **DÉSORDRE**, il est évident que c'est la moindre des choses qu'on puisse dire !

La population mondiale a doublé durant les 50 dernières années, passant de 4 milliards à environ 8 milliards aujourd'hui et selon quelques futurologues, elle va probablement augmenter à environ 12 milliards dans les 50 prochaines années ! Tout le monde veut une vie meilleure avec une belle maison, une machine à laver, une télévision, avec toutes sortes de systèmes et gadgets électroniques, une voiture, et la liste continue...

Est-ce une sorte de suicide collectif ?! Si nous n'agissons pas ensemble, nous, collectivement parlant, agissons comme des cellules cancéreuses qui tuent leur hôte. Cet hôte c'est nous-même et beaucoup d'autres espèces animales également.
Pensez-y, la flotte aérienne commerciale mondiale devrait augmenter de plus de 30 % dans la prochaine décennie, soit d'environ

40,000 planes! Aircraft manufacturers and their suppliers are ecstatic!

The whole idea that we can consume to infinity is not only absurd but it's outright **INSANITY**!
(Update, July 2020: With the COVID-19 pandemic this forecast will more than likely be delayed.)

40 000 avions ! Les fabricants d'avions et leurs fournisseurs sont ravis !

L'idée que nous pouvons consommer à l'infini est non seulement absurde, mais c'est carrément une **FOLIE** !
(Mise à jour, juillet 2020 : Avec la pandémie COVID-19 cette prévision sera plus que probablement retardée.)

Power and abuse of Power

In the political sense, we can loosely define power as the strength or ability of one person or entity to impose their will upon those who are subjugated to that person or entity.

Power in the workplace can be defined as the ability of a person or a group of persons to impose their will of doing things on those who are subjected to their authority. Almost anyone or everyone with what we define as **POWER** will abuse it. Managers, both male and / or female, in companies with subordinates in a company hierarchy far too often use their position abusively.
Police and military forces are frequently used to enforce rules and regulations upon those subjected to the authority possessing the power to employ them.

In the Trump Era, we should be thankful that Trump will be saving an enormous amount of money as he is now becoming the judge and the jury in cases that have been brought to his attention, either by his favorite media outlets or his personal friends. We could of course, again call this an abuse of power, but his base and supporters in the Republican party would cry nonsense!

"The Eve of Destruction" , song by P.F. Sloan, 1965
In The Trump Era

It appears that the US president # 45 has no boundaries:
Climate change = hogwash
Coal = clean cheap energy
Manufactured baby formula = Best for babies

Pouvoir et abus de pouvoir

Sur le plan politique, on peut définir le pouvoir comme étant la force ou la capacité d'une personne ou d'une entité, à imposer sa volonté à ceux qui lui sont assujettis.

Le pouvoir sur un lieu de travail peut être défini comme la capacité d'une personne ou d'un groupe de personnes, à imposer leur volonté de faire des choses à ceux qui sont soumis à leur autorité. Presque tous ceux qui ont ce que nous appelons **LE POUVOIR** en abuseront. Les cadres, masculins et / ou féminins, dans les entreprises ayant des subordonnés dans une hiérarchie d'entreprise utilisent trop souvent leur position de manière abusive.
La police et les forces militaires sont fréquemment utilisées pour faire appliquer les lois et les règlements auprès de ceux qui sont soumis à l'autorité de ceux qui ont le pouvoir d'employer.

Dans l'ère Trump, nous devrions être reconnaissants qu'il ait prévu d'économiser une énorme somme d'argent puisqu'il est maintenant devenu juge et jury dans les affaires qui ont été portées à son attention, soit par ses médias favoris, soit par ses amis proches. Nous pourrions bien entendu, encore appeler cela un abus de pouvoir, mais sa base électorale et ses partisans dans le parti Républicain crieraient foutaise !

« **The Eve of Destruction** », [*4] chanson de P.F. Sloan, 1965
Dans l'ère Trump

Il semble que le Président des États-Unis n°45 n'a pas de limites :
Changement climatique = sottises
Charbon = énergie propre et pas chère
Lait maternel artificiel = le meilleur pour les bébés

[*4] **TRADUCTION :** La veille de la destruction

Pesticides **=** great for agriculture, sorry about the birds and the bees. We don't really need them, do we?

Clean water? We all have access to bottled water! Why worry about the rivers and the oceans?

Embrace your enemies and alienate your friends. Who needs friends when you can have all the enemies you want?

Without a doubt, Trump is the US Bigoter in Chief

Trump doesn't really care. Do U?

(Update, June 2020: Will it ever end? The Republican party has become the Trump Sycophants Club and Trump can do no wrong in their misty adoring eyes. So much worse than just sad!)

I have seen junior high school bullies act with more decency than Trump!

Trump's treatment of Lt. Col. Vindman is a crime and Trump knows that he can now get away with petty crimes and even more serious crimes because he knows that he has the Senate in his pocket and cannot be impeached and removed from office again. The US House of Representatives knows that the only way to remove Trump from office is thru the upcoming election in November 2020.

Does President Trump even realize that he is doing Putin's work by employing the first and foremost military strategy ever used?! Very hard to believe he doesn't! This strategy is called - **DIVIDE AND CONQUER**! And he is using it very effectively. Putin must be very proud of himself for his tremendous success without even having fired a single shot.

And look at what Putin has done in the UK with his disinformation and Brexit propaganda! No one is talking about Crimea, Salisbury or Litvinenko anymore. Lies and disinformation are very effective in today's use of social media

Pesticides = bon pour l'agriculture, désolé pour les oiseaux et les abeilles. Nous n'en avons pas vraiment besoin, n'est-ce pas ?

Eau potable ? Nous avons tous accès à l'eau en bouteille ! Pourquoi se soucier des rivières et des océans ?

Embrasse tes ennemis et aliène tes amis. Qui a besoin d'amis quand tu peux avoir tous les ennemis que tu veux ?

Sans aucun doute, Trump est le bigot américain en chef.

Trump ne se soucie pas vraiment de tout ça. Et vous ?

(Mise à jour, juin 2020 : Est-ce que ça cessera un jour ? Le parti Républicain est devenu le club des Flagorneurs de Trump et de leur point de vue aveugle et fanatique. Ce dernier ne pourrait jamais faire de mal. C'est si triste !)

J'ai vu des brutes de lycée agir avec plus de décence que Trump !

La façon dont Trump traite le Lt. Col. Vindman est un crime et il sait qu'il peut maintenant s'en tirer avec de petits crimes et des crimes encore plus graves parce qu'il a la certitude d'avoir le Sénat dans sa poche et qu'il ne peut pas être destitué et démis de ses fonctions à nouveau. La Chambre des Représentants des États-Unis est au courant que la seule façon de destituer Trump de ses fonctions est par les élections de novembre 2020.

Le Président Trump comprend-il même qu'il est en train de faire le travail de Poutine en employant la plus basique et la plus importante stratégie militaire ?! Cela est très difficile de croire qu'il n'en a pas conscience ! Cette stratégie s'appelle **DIVISER POUR CONQUÉRIR** ! Et il l'utilise très efficacement. Poutine doit être vraiment fier de lui pour cet énorme succès sans même avoir tiré un seul coup de fusil.

Et voyez ce que Poutine a fait au Royaume-Unis avec sa désinformation et la propagande du Brexit ! Plus personne ne parle de Crimée, de Salisbury ou de Litvinenko. Les mensonges et la désinformation sont très efficaces dans l'actuelle utilisation des réseaux sociaux

to divide, distract and eventually conquer.

One doesn't have to be a genius to realize that a divided Europe is no match for a strong Russia, China and a Trumpian US. Any and all issues that divide Europe play into the hands of those who want a weak and divided Europe.

After the recent impeachment trial of Trump (more aptly described as a mess or farce), Trump can now call his friend Vladimir and more openly solicit his help in winning the 2020 US election. I'm sure that Vlad' has already assured Trump of his future commercial objectives in Moscow. In case you're not aware of it, Vlad' is already hard at work to insure that "The Donald" gets re-elected.

pour diviser, distraire et éventuellement conquérir.

Il ne faut pas être un génie pour réaliser qu'une Europe divisée ne fait pas le poids face aux puissances de la Russie, de la Chine ou des États-Unis trumpiens.

N'importe quels enjeux qui divisent l'Europe se trouvent entre les mains de ceux qui veulent une Europe faible et divisée.

Après le récent procès de destitution de Trump (qu'il serait plus apte de caractériser comme un bazar ou une farce), le Président peut à présent appeler son ami Vladimir et solliciter son aide plus ouvertement dans la victoire des élections américaines de 2020. Au cas où vous ne seriez pas au courant, Vlad' travaille déjà dur pour assurer que « Le Donald » soit réélu.

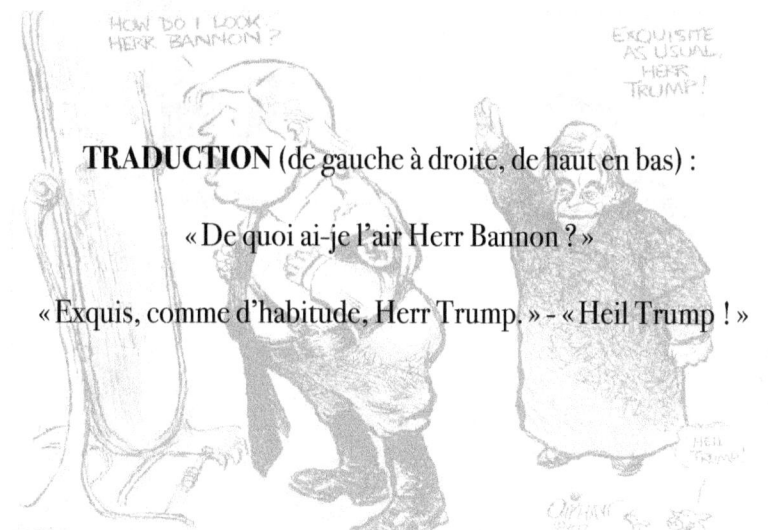

HOW DO I LOOK HERR BANNON ?

EXQUISITE AS USUAL, HERR TRUMP !

TRADUCTION (de gauche à droite, de haut en bas) :

« De quoi ai-je l'air Herr Bannon ? »

« Exquis, comme d'habitude, Herr Trump. » - « Heil Trump ! »

TRADUCTION (de gauche à droite, de haut en bas) :

LE CLUB DES RÉPUBLICAINS

« Je m'excuse M. Trump mais les membres ont du mal à vous prendre au sérieux malgré vos qualifications évidentes pour ce club. »

« Vous êtes viré. »

« Vous devriez essayer le Parti du thé »

« Ou M. Barnum & Bailey »

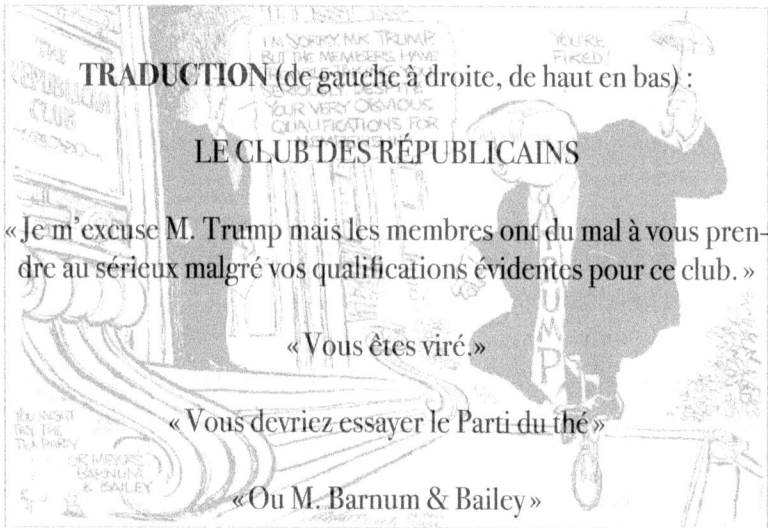

CHAPTER 7
French and the EU Democracies

In France with so many political parties (over four dozen), it's hard to imagine how any consensus can ever be obtained. The resulting elections end up being determined by a dual of the two extremes that will never come together to find common ground. And the winning party never really has a large majority. Democracy as practiced in France is a good example of how one form of democracy can fail miserably resulting in serial labor strikes and mass demonstrations. If high unemployment with serious economic consequences and constant social upheaval are desired, then French democracy is definitely the best model.

The recent elections for the European parliament not only show how divided voters are but also demonstrate the frustration and anger that people have in the democratic institutions in place. The EU Treaty of Lisbon (2007) was the latest major reform to the functioning of the European government. The EU continues to work hard at unifying a very diverse hodgepodge of countries where cultures, language and national politics remain divisive influences.

With the UK referendum in 2016 deciding the exit from the EU of the four members of the UK, it would seem that the EU would not hold together and eventually fracture even more (Putin's strong desire and objective). Strangely enough, the Russian meddling in the UK referendum is almost never mentioned. The resounding slogans of the American War of Independence; "United we stand, divided we fall", were never so true as in today's world. And don't forget the enlightened philosophy espoused by Lao Tzu.

CHAPITRE 7
Démocraties française et européenne

En France, avec autant de partis politiques (plus de quatre douzaines), il est difficile d'imaginer qu'un consensus puisse être obtenu. Le résultat des élections se termine par un duel des deux extrêmes qui ne parviendront jamais à s'entendre sur un accord commun. Et le parti gagnant n'a jamais une grande majorité. La démocratie actuellement pratiquée en France est un bon exemple de la manière dont une forme de démocratie peut misérablement échouer, entraînant des grèves de travail en série et des manifestations massives. Si l'on souhaite un chômage élevé avec de graves conséquences économiques, la démocratie française est certainement le meilleur modèle.

Les récentes élections pour le Parlement européen ne montrent pas seulement à quel point les électeurs ont été divisés, mais cela révèle également la frustration et la colère que les gens ressentent envers les institutions démocratiques en place. En 2007, le traité de Lisbonne a été la dernière grande réforme du fonctionnement du gouvernement européen. L'UE continue de travailler d'arrache-pied pour unifier un méli-mélo très diversifié de pays où les cultures, la langue et la politique nationale demeurent des facteurs de division.

Avec le référendum britannique de 2016 décidant de la sortie de l'UE des quatre membres du Royaume-Uni, il semblerait que l'UE perdrait sa cohésion et finirait par se diviser encore plus (forte volonté et objectif de Poutine). Étrangement, l'ingérence russe dans le référendum britannique n'est presque jamais mentionnée. Les slogans retentissants de la guerre d'Indépendance Américaine, « United We Stand » et « Divided We Fall » (« L'union fait la force »), n'ont jamais été aussi vrais que dans le monde d'aujourd'hui. Et n'oubliez pas la philosophie éclairée adoptée par Lao Tzu.

CHAPTER 8
American Democracy

There is a lot to be said about American democracy. Unfortunately, American democracy has not sufficiently evolved over the past two centuries. Anyone with a minimum amount of intelligence can easily see that it's not functioning as initially designed and it deserves to have a complete overhaul.

Two significant problems with democracy as exercised in the United States exist and need to be addressed.

The first one is the electoral college system created by the 12th amendment to the US constitution in 1804 (over two centuries ago!). At that time, women and slaves were not allowed to vote; therefore, does it make any sense to maintain this system today? Obviously, it does not! The entire impeachment mess (Trial) of Trump has been a disaster for American democracy and is a direct result of the electoral college system! When the 2016 election that gave the US presidency to Donald Trump using the Electoral College, it rendered American democracy a farce and not a laughing one. How can any nation claiming to have a democratic government explain that an election winner lost the popular vote by almost three million! If this happened in any African nation or any other nation, the entire world would be crying foul, and justly so. I find it too incomprehensible that the Electoral College system is still in use, and it should be eliminated or totally revised. The sooner, the better as it is proving to be one of the most disastrous and divisive elements in American society.

The second major problem is the total dominance of the two party system and their constant fight to win and hold

CHAPITRE 8
Démocratie américaine

Il y a beaucoup à dire au sujet de la démocratie américaine. Malheureusement, elle n'a pas suffisamment évolué au cours des deux derniers siècles. N'importe qui avec un minimum d'intelligence peut aisément constater qu'elle ne fonctionne pas telle qu'elle a été conçue à l'origine et elle mérite d'être entièrement réformée.

Il existe deux grands problèmes avec la démocratie des États-Unis et ils nécessitent d'être résolus.

Le premier est le système de collège électoral qui a été créé par le 12e amendement de la Constitution des États-Unis en 1804 ! À cette époque, femmes et esclaves n'avaient pas le droit de voter ; par conséquent, est-ce que cela a du sens aujourd'hui de maintenir ce système ? Évidemment que non ! L'ensemble du désordre (Procès) de la destitution de Trump a été un désastre pour la démocratie américaine et c'est un résultat direct du système de collège électoral ! Quand les élections de 2016 ont donné la présidence américaine à Donald Trump en utilisant le Collège électoral, cela a fait de la démocratie américaine une farce et il n'y a pas de quoi en rire. Comment une nation qui prétend avoir un gouvernement démocratique peut-elle expliquer que le vainqueur d'une élection ait effectivement perdu le vote populaire de presque trois millions de personnes ?! Si cela se produisait dans une nation africaine ou dans toute autre nation, le monde entier crierait au scandale ; et à juste titre. Je trouve terriblement incompréhensible que le système du Collège électoral soit toujours utilisé, il devrait être éliminé ou entièrement révisé. Le plus tôt sera le mieux car il s'avère être l'un des éléments les plus désastreux et clivant de la société américaine.

Le deuxième problème majeur est la domination totale d'un système à deux partis et leur lutte constante pour gagner et se mainte-

onto **POWER**. A multiple party system properly developed requiring more arbitration and consensus would be a much better system.

When Thomas Jefferson wrote in the Declaration of Independence that the pursuit of happiness was an inalienable right for all men, (neither women nor slaves were included at the time), nevertheless he was grossly mistaken. He did not realize that one man's pursuit of happiness could result in the pain and sorrow and even death of others. This idea or concept is in reality a license to deprive the vast majority of humans on earth their right to life (a decent one) and liberty (within reason). There are so many examples that I don't know where to start. But I'll simply state that today's unrestricted, unlimited use of natural resources is results in havoc on our planet that we all share. We need to preserve our forests and maintain clean rivers and oceans. We need to take action and the sooner, the better. And **NOW** is hardly soon enough!

When the founders of the American constitution wrote the first articles, there was no television, no internet, no smartphones, no social media and the list goes on. I rest my case.

I'm an independent voter and would have preferred someone else besides Clinton in 1993 and Trump in the 2016, US elections. But we certainly don't always get what we wish for, do we?

All that said, I don't pretend to have any great astounding, earth shaking solutions, but merely a few suggestions that I hope are worth considering. For example:
1) The Supreme Court initially had only six judges for 80 years with a population rising from 5 million to almost 40 million and

nir au **POUVOIR**. Un système multipartite bien conçu serait bien meilleur.

Quand Thomas Jefferson a écrit dans la Déclaration d'Indépendance que la recherche du bonheur était un droit inaliénable pour tous les hommes (ni les femmes, ni les esclaves n'étaient inclus à cette époque), il se trompait énormément. Il n'a pas réalisé que de la recherche du bonheur d'un homme pouvait résulter la douleur, la tristesse et même la mort d'autres. Cette idée ou ce concept est en réalité une licence pour priver la grande majorité des humains sur Terre de leur droit à la vie (décente) et à la liberté (dans la limite du raisonnable). Il y a tant d'exemples que je ne sais pas par où commencer. Mais je dirai simplement que l'utilisation illimitée et sans restriction des ressources naturelles d'aujourd'hui entraîne des ravages sur notre planète que nous partageons tous. Nous devons préserver nos forêts et maintenir les rivières et océans propres. Nous devons agir ; le plus tôt sera le mieux. Et **AUJOURD'HUI** est à peine assez tôt !

Quand les fondateurs de la Constitution américaine ont écrit les premiers articles, il n'y avait pas de télévision, d'Internet, de smartphones, de réseaux sociaux et la liste continue. Je n'ai rien à ajouter.

Je suis un électeur indépendant et j'aurais préféré quelqu'un d'autre que Clinton et Trump aux élections américaines de 1993 et de de 2016. Mais nous n'obtenons pas toujours ce que nous souhaitons, n'est-ce pas ?
Cela étant dit, je ne prétends pas avoir de grandes et stupéfiantes solutions révolutionnaires, mais seulement quelques suggestions qui, je l'espère, méritent d'être considérées. Par exemple :

1) La Cour Suprême a eu initialement six juges en 80 ans pour une population grandissante de 5 millions à presque 40 millions et elle

has nine judges for the past century and a half with with the population rising to about 330 million. We would be better off having more than nine judges considering the issues that the court faces today. A court of 19 or 21 judges could function more efficiently with several groups of competent judges working on different issues before they meet together to provide a more comprehensible single judgement. There should also be term limits of perhaps 10 to 12 years and an age limit of 75. No one can claim that their mental acuity is at its peak performance after the age of 75. I agree that experience counts but that's not all that matters.

2) The House and Senate should come together to choose a President based upon a woman's or man's qualities of which competence, intelligence, integrity and loyalty to their country would be first and foremost qualities to be considered. This would avoid and hopefully eliminate or significantly reduce the influence of special interests. And it would also avoid the highly divisive, expensive and obscene popularity contest that has burdened us with disastrous results. The rumors, the mudslinging ads and insults are no way to determine who would best serve the country.

3) Legislation should be passed with a minimum of 75% approval by legislators from both houses. This could be made possible by having committees established for seeking more common ground thru some form of arbitration promoting compromise. The idea that 51% can dictate what the opposing 49% should do or not do is a poor example of what modern democracy should be. Consensus is perhaps utopian but striving for it is not.

4) Except for national security issues, the gov-

a compté neuf juges durant le siècle et demi précédent avec une population grandissante de 330 millions. Il aurait mieux valu avoir plus de neuf juges en considérant les problématiques que la Cour rencontre aujourd'hui. Un tribunal de 19 ou 21 juges pourrait fonctionner plus efficacement avec plusieurs groupes de juges compétents travaillant sur différentes affaires avant de se rassembler pour définir un jugement plus compréhensible. Il devrait aussi y avoir des limites de terme de peut-être 10 ou 12 ans et une limite d'âge de 75 ans. Personne ne peut prétendre que ses facultés mentales sont au sommet de leur performance après l'âge de 75 ans. Je reconnais que l'expérience compte, mais ce n'est pas tout ce qui compte.

2) La Chambre et le Sénat devraient se réunir pour choisir un Président en fonction des qualités d'une femme ou d'un homme, dont la compétence, l'intelligence, l'intégrité et la loyauté envers leur pays seraient d'abord et avant tout des attributs à considérer. Cela permettrait d'éviter et, espérons-le, d'éliminer ou de réduire considérablement l'influence des intérêts spéciaux. Cela nous éviterait également le concours de popularité très controversé, coûteux et obscène qui nous a imposé des résultats désastreux. Les rumeurs, les publicités calomnieuses et les insultes ne sont pas un moyen de déterminer qui est le plus qualifié pour servir le pays.

3) Les lois devraient être adoptées avec au moins 75 % d'approbation par les législateurs des deux Chambres. Cela pourrait être rendu possible par la création de comités chargés de rechercher un terrain d'entente par le biais d'une forme quelconque d'arbitrage. L'idée que 51 % peuvent dicter ce que les 49 % opposés devraient faire ou ne pas faire est un mauvais exemple de ce que devrait être la démocratie moderne. Le consensus est peut-être utopique, mais s'efforcer pour l'obtenir ne l'est pas.

4) À l'exception des questions de sécurité nationale, le gouver-

ernment should be much more transparent with all voting and hearings published and explained publicly. Too much of anything behind closed doors is not in the public's interest. If lobbying continues to be legal and accepted, it should be made public with the origin of funding clearly identified.

5) Residents, whether they are US citizens or not, should be allowed to vote on local issues as they pay taxes like all residents thru sales taxes and any other local taxes that may exist. I vaguely remember someone, maybe James Otis, being quoted as saying, "No taxation without representation."

POUR UNE LEGISLATION SUR LES ARMES
SIGNEZ LA PETITION ICI

nement devrait être beaucoup plus transparent avec tous les votes et toutes les audiences publiés et expliqués publiquement. Il n'est pas dans l'intérêt public d'avoir trop de choses à huis clos. Si le lobbying continue d'être légal et accepté, il devrait être rendu public avec l'origine du financement clairement identifiée.

5) Les résidents, qu'ils soient citoyens des États-Unis ou non, devraient être autorisés à voter sur des questions locales puisqu'ils paient des taxes comme tous les résidents au moyen de taxes de vente et de toutes les autres taxes locales qui peuvent exister. Je me souviens vaguement de quelqu'un, peut-être James Otis, disant, « Pas de taxation sans représentation ».

POUR UNE LÉGISLATION SUR LES ARMES
SIGNEZ LA PÉTITION ICI

6) The Second Amendment (US Constitution) :

I find it hard to believe that the right to bear arms today includes weapons that are designed for military use. These high capacity magazines and semi-automatic rifles and pistols are continually used to perpetrate unimaginable crimes. If the founding fathers had had any idea of how "bearable weapons" would have evolved, I seriously doubt that they would agree to their possession and use today in our so called "civilized society".

Note : Wayne LaPierre has been President of the NRA (National Rifle Association) for almost three decades and has been and still is, a very powerful lobbyist in Washington for politicians favorable to the NRA's policy for minimal restrictions on gun laws in the US.

6) Le Deuxième Amendement (de la Constitution américaine) :
J'ai du mal à croire que le droit de porter des armes aujourd'hui inclut des armes conçues pour un usage militaire. Ces chargeurs de grande capacité et ces fusils et pistolets semi-automatiques sont continuellement utilisés pour perpétrer des crimes inimaginables. Si les pères fondateurs avaient eu la moindre idée de la manière dont les «armes supportables» auraient évolué, je doute sérieusement qu'ils accepteraient leur possession et leur utilisation aujourd'hui dans notre soi-disant «société civilisée».

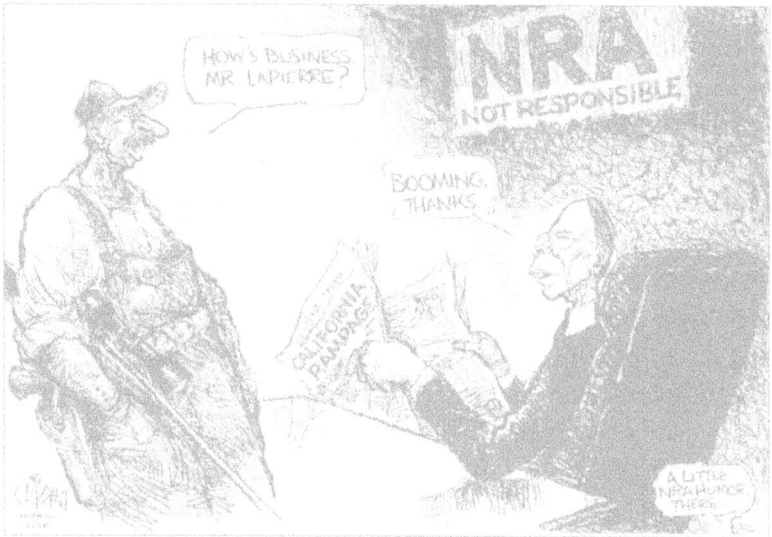

Note : Wayne LaPierre est à la tête de la NRA («National Rifle Association») depuis près de trois décennies et il a été et est toujours un lobbyiste très puissant à Washington pour les politiciens favorables à la politique de la NRA pour des restrictions minimales sur les lois sur les armes à feu aux États-Unis.

I've included the UDHR in this book because I've been surprised and saddened that so many people have never heard of the UDHR.

The Universal Declaration of Human Rights (DUDH), 1948

The Universal Declaration of Human Rights (UDHR) is a milestone document in the history of human rights. Drafted by representatives with different legal and cultural backgrounds from all regions of the world, the Declaration was proclaimed by the United Nations General Assembly in Paris on December 10th, 1948 (General Assembly resolution 217 A) as a common standard of achievements for all peoples and all nations. It sets out, for the first time, fundamental human rights to be universally protected and it has been translated into over 500 languages.

Preamble
Whereas recognition of the inherent dignity and of the equal and inalienable rights of all members of the human family is the foundation of freedom, justice and peace in the world,
Whereas disregard and contempt for human rights have resulted in barbarous acts which have outraged the conscience of mankind, and the advent of a world in which human beings shall enjoy freedom of speech and belief and freedom from fear and want has been proclaimed as the highest aspiration of the common people,
Whereas it is essential, if man is not to be compelled to have recourse, as a last resort, to rebellion against tyranny and oppression, that human rights should be protected by the rule of law,
Whereas it is essential to promote the development of friendly relations between nations,

J'ai inclus la DUDH dans ce livre parce que j'ai été surpris et attristé que tant de gens n'en n'aient jamais entendu parler.

Déclaration universelle des droits de l'Homme (DUDH) de 1948

La Déclaration universelle des droits de l'homme (DUDH) est un document marquant dans l'histoire des droits de l'homme.

Rédigée par des représentants ayant des antécédents juridiques et culturels différents de toutes les régions du monde, la Déclaration a été proclamée par l'Assemblée générale des Nations Unies à Paris le 10 décembre 1948 (résolution 217 A de l'Assemblée générale) en tant que norme commune de réalisations pour tous les peuples et toutes les nations.

Il prévoit, pour la première fois, la protection universelle des droits fondamentaux de la personne et il a été traduit dans plus de 500 langues.

Préambule

Considérant que la reconnaissance de la dignité inhérente à tous les membres de la famille humaine et de leurs droits égaux et inaliénables constitue le fondement de la liberté, de la justice et de la paix dans le monde.

Considérant que la méconnaissance et le mépris des droits de l'homme ont conduit à des actes de barbarie qui révoltent la conscience de l'humanité et que l'avènement d'un monde où les êtres humains seront libres de parler et de croire, libérés de la terreur et de la misère, a été proclamé comme la plus haute aspiration de l'homme.

Considérant qu'il est essentiel que les droits de l'homme soient protégés par un régime de droit pour que l'homme ne soit pas contraint, en suprême recours, à la révolte contre la tyrannie et l'oppression.

Considérant qu'il est essentiel d'encourager le développement de relations amicales entre nations.

Whereas the peoples of the United Nations have in the Charter reaffirmed their faith in fundamental human rights, in the dignity and worth of the human person and in the equal rights of men and women and have determined to promote social progress and better standards of life in larger freedom,

Whereas Member States have pledged themselves to achieve, in co-operation with the United Nations, the promotion of universal respect for and observance of human rights and fundamental freedoms,

Whereas a common understanding of these rights and freedoms is of the greatest importance for the full realization of this pledge,

Now, Therefore THE GENERAL ASSEMBLY proclaims THIS UNIVERSAL DECLARATION OF HUMAN RIGHTS as a common standard of achievement for all peoples and all nations, to the end that every individual and every organ of society, keeping this Declaration constantly in mind, shall strive by teaching and education to promote respect for these rights and freedoms and by progressive measures, national and international, to secure their universal and effective recognition and observance, both among the peoples of Member States themselves and among the peoples of territories under their jurisdiction.

Article 1.
All human beings are born free and equal in dignity and rights. They are endowed with reason and conscience and should act towards one another in a spirit of brotherhood.

Article 2.
Everyone is entitled to all the rights and freedoms set forth in this Declaration, without distinction of any kind, such as race, color, sex, language, religion, political or other opinion, national

Considérant que dans la Charte les peuples des Nations Unies ont proclamé à nouveau leur foi dans les droits fondamentaux de l'homme, dans la dignité et la valeur de la personne, dans l'égalité des droits des hommes et des femmes, et qu'ils se sont déclarés résolus à favoriser le progrès social et à instaurer de meilleures conditions de vie dans une liberté plus grande.

Considérant que les États Membres se sont engagés à assurer, en coopération avec l'Organisation des Nations Unies, le respect universel et effectif des droits de l'homme et des libertés fondamentales.

Considérant qu'une conception commune de ces droits et libertés est de la plus haute importance pour remplir pleinement cet engagement.

L'Assemblée générale proclame la présente Déclaration universelle des droits de l'homme comme l'idéal commun à atteindre par tous les peuples et toutes les nations afin que tous les individus et tous les organes de la société, ayant cette Déclaration constamment à l'esprit, s'efforcent, par l'enseignement et l'éducation, de développer le respect de ces droits et libertés et d'en assurer, par des mesures progressives d'ordre national et international, la reconnaissance et l'application universelles et effectives, tant parmi les populations des États Membres eux-mêmes que parmi celles des territoires placés sous leur juridiction.

Article premier
Tous les êtres humains naissent libres et égaux en dignité et en droits.Ils sont doués de raison et de conscience et doivent agir les uns envers les autres dans un esprit de fraternité.

Article 2
1. Chacun peut se prévaloir de tous les droits et de toutes les libertés proclamées dans la présente Déclaration, sans distinction aucune, notamment de race, de couleur, de sexe, de langue, de religion,

or social origin, property, birth or other status. Furthermore, no distinction shall be made on the basis of the political, jurisdictional or international status of the country or territory to which a person belongs, whether it be independent, trust, non-self-governing or under any other limitation of sovereignty.

Article 3.
Everyone has the right to life, liberty and security of person.

Article 4.
No one shall be held in slavery or servitude; slavery and the slave trade shall be prohibited in all their forms.

Article 5.
No one shall be subjected to torture or to cruel, inhuman or degrading treatment or punishment.

Article 6.
Everyone has the right to recognition everywhere as a person before the law.

Article 7.
All are equal before the law and are entitled without any discrimination to equal protection of the law. All are entitled to equal protection against any discrimination in violation of this Declaration and against any incitement to such discrimination.

Article 8.
Everyone has the right to an effective remedy by the competent national tribunals for acts violating the fundamental rights granted him by the constitution or by law.

d'opinion politique ou de toute autre opinion, d'origine nationale ou sociale, de fortune, de naissance ou de toute autre situation.

2. De plus, il ne sera fait aucune distinction fondée sur le statut politique, juridique ou international du pays ou du territoire dont une personne est ressortissante, que ce pays ou territoire soit indépendant, sous tutelle, non autonome ou soumis à une limitation quelconque de souveraineté.

Article 3
Tout individu a droit à la vie, à la liberté et à la sûreté de sa personne.

Article 4
Nul ne sera tenu en esclavage ni en servitude ; l'esclavage et la traite des esclaves sont interdits sous toutes leurs formes.

Article 5
Nul ne sera soumis à la torture, ni à des peines ou traitements cruels, inhumains ou dégradants.

Article 6
Chacun a le droit à la reconnaissance en tous lieux de sa personnalité juridique.

Article 7
Tous sont égaux devant la loi et ont droit sans distinction à une égale protection de la loi. Tous ont droit à une protection égale contre toute discrimination qui violerait la présente Déclaration et contre toute provocation à une telle discrimination.

Article 8
Toute personne a droit à un recours effectif devant les juridictions nationales compétentes contre les actes violant les droits fondamentaux qui lui sont reconnus par la constitution ou par la loi.

Article 9.
No one shall be subjected to arbitrary arrest, detention or exile.

Article 10.
Everyone is entitled in full equality to a fair and public hearing by an independent and impartial tribunal, in the determination of his rights and obligations and of any criminal charge against him.

Article 11.
(1) Everyone charged with a penal offence has the right to be presumed innocent until proved guilty according to law in a public trial at which he has had all the guarantees necessary for his defence.
(2) No one shall be held guilty of any penal offence on account of any act or omission which did not constitute a penal offence, under national or international law, at the time when it was committed. Nor shall a heavier penalty be imposed than the one that was applicable at the time the penal offence was committed.

Article 12.
No one shall be subjected to arbitrary interference with his privacy, family, home or correspondence, nor to attacks upon his honor and reputation. Everyone has the right to the protection of the law against such interference or attacks.

Article 13.
(1) Everyone has the right to freedom of movement and residence within the borders of each state.
(2) Everyone has the right to leave any country, including his own, and to return to his country.

Article 9
Nul ne peut être arbitrairement arrêté, détenu ou exilé.

Article 10
Toute personne a droit, en pleine égalité, à ce que sa cause soit entendue équitablement et publiquement par un tribunal indépendant et impartial, qui décidera, soit de ses droits et obligations, soit du bien-fondé de toute accusation en matière pénale dirigée contre elle.

Article 11
1. Toute personne accusée d'un acte délictueux est présumée innocente jusqu'à ce que sa culpabilité ait été légalement établie au cours d'un procès public où toutes les garanties nécessaires à sa défense lui auront été assurées.
2. Nul ne sera condamné pour des actions ou omissions qui, au moment où elles ont été commises, ne constituaient pas un acte délictueux d'après le droit national ou international. De même, il ne sera infligé aucune peine plus forte que celle qui était applicable au moment où l'acte délictueux a été commis.

Article 12
Nul ne sera l'objet d'immixtions arbitraires dans sa vie privée, sa famille, son domicile ou sa correspondance, ni d'atteintes à son honneur et à sa réputation. Toute personne a droit à la protection de la loi contre de telles immixtions ou de telles atteintes.

Article 13
1. Toute personne a le droit de circuler librement et de choisir sa résidence à l'intérieur d'un État.
2. Toute personne a le droit de quitter tout pays, y compris le sien, et de revenir dans son pays.

Article 14.
(1) Everyone has the right to seek and to enjoy in other countries asylum from persecution.
(2) This right may not be invoked in the case of prosecutions genuinely arising from non-political crimes or from acts contrary to the purposes and principles of the United Nations.

Article 15.
(1) Everyone has the right to a nationality.
(2) No one shall be arbitrarily deprived of his nationality nor denied the right to change his nationality.

Article 16.
(1) Men and women of full age, without any limitation due to race, nationality or religion, have the right to marry and to found a family. They are entitled to equal rights as to marriage, during marriage and at its dissolution.
(2) Marriage shall be entered into only with the free and full consent of the intending spouses.
(3) The family is the natural and fundamental group unit of society and is entitled to protection by society and the State.

Article 17.
(1) Everyone has the right to own property alone as well as in association with others.
(2) No one shall be arbitrarily deprived of his property.

Article 18.
Everyone has the right to freedom of thought, conscience and religion; this right includes freedom to change his religion or belief, and freedom, either alone or in community with others and in public or private, to manifest his religion or belief in teaching, practice, worship and observance.

Article 14

1. Devant la persécution, toute personne a le droit de chercher asile et de bénéficier de l'asile en d'autres pays.

2. Ce droit ne peut être invoqué dans le cas de poursuites réellement fondées sur un crime de droit commun ou sur des agissements contraires aux buts et aux principes des Nations Unies.

Article 15

1. Tout individu a droit à une nationalité.

2. Nul ne peut être arbitrairement privé de sa nationalité, ni du droit de changer de nationalité.

Article 16

1. A partir de l'âge nubile, l'homme et la femme, sans aucune restriction quant à la race, la nationalité ou la religion, ont le droit de se marier et de fonder une famille. Ils ont des droits égaux au regard du mariage, durant le mariage et lors de sa dissolution.

2. Le mariage ne peut être conclu qu'avec le libre et plein consentement des futurs époux.

3. La famille est l'élément naturel et fondamental de la société et a droit à la protection de la société et de l'État.

Article 17

1. Toute personne, aussi bien seule qu'en collectivité, a droit à la propriété.

2. Nul ne peut être arbitrairement privé de sa propriété.

Article 18

Toute personne a droit à la liberté de pensée, de conscience et de religion ; ce droit implique la liberté de changer de religion ou de conviction ainsi que la liberté de manifester sa religion ou sa conviction seule ou en commun, tant en public qu'en privé, par l'enseignement, les pratiques, le culte et l'accomplissement des rites.

Article 19.
Everyone has the right to freedom of opinion and expression; this right includes freedom to hold opinions without interference and to seek, receive and impart information and ideas through any media and regardless of frontiers.

Article 20.
(1) Everyone has the right to freedom of peaceful assembly and association.
(2) No one may be compelled to belong to an association.

Article 21.
(1) Everyone has the right to take part in the government of his country, directly or through freely chosen representatives.
(2) Everyone has the right of equal access to public service in his country.
(3) The will of the people shall be the basis of the authority of government; this will shall be expressed in periodic and genuine elections which shall be by universal and equal suffrage and shall be held by secret vote or by equivalent free voting procedures.

Article 22.
Everyone, as a member of society, has the right to social security and is entitled to realization, through national effort and international co-operation and in accordance with the organization and resources of each State, of the economic, social and cultural rights indispensable for his dignity and the free development of his personality.

Article 23.
(1) Everyone has the right to work, to free choice of employment,

Article 19

Tout individu a droit à la liberté d'opinion et d'expression, ce qui implique le droit de ne pas être inquiété pour ses opinions et celui de chercher, de recevoir et de répandre, sans considérations de frontières, les informations et les idées par quelque moyen d'expression que ce soit.

Article 20

1. Toute personne a droit à la liberté de réunion et d'association pacifiques.

2. Nul ne peut être obligé de faire partie d'une association.

Article 21

1. Toute personne a le droit de prendre part à la direction des affaires publiques de son pays, soit directement, soit par l'intermédiaire de représentants librement choisis.

2. Toute personne a droit à accéder, dans des conditions d'égalité, aux fonctions publiques de son pays.

3. La volonté du peuple est le fondement de l'autorité des pouvoirs publics ; cette volonté doit s'exprimer par des élections honnêtes qui doivent avoir lieu périodiquement, au suffrage universel égal et au vote secret ou suivant une procédure équivalente assurant la liberté du vote.

Article 22

Toute personne, en tant que membre de la société, a droit à la sécurité sociale ; elle est fondée à obtenir la satisfaction des droits économiques, sociaux et culturels indispensables à sa dignité et au libre développement de sa personnalité, grâce à l'effort national et à la coopération internationale, compte tenu de l'organisation et des ressources de chaque pays.

Article 23

1. Toute personne a droit au travail, au libre choix de son travail,

to just and favorable conditions of work and to protection against unemployment.

(2) Everyone, without any discrimination, has the right to equal pay for equal work.

(3) Everyone who works has the right to just and favorable remuneration ensuring for himself and his family an existence worthy of human dignity, and supplemented, if necessary, by other means of social protection.

Article 24.

Everyone has the right to rest and leisure, including reasonable limitation of working hours and periodic holidays with pay.

Article 25.

(1) Everyone has the right to a standard of living adequate for the health and well-being of himself and of his family, including food, clothing, housing and medical care and necessary social services, and the right to security in the event of unemployment, sickness, disability, widowhood, old age or other lack of livelihood in circumstances beyond his control.

(2) Motherhood and childhood are entitled to special care and assistance. All children, whether born in or out of wedlock, shall enjoy the same social protection.

Article 26.

(1) Everyone has the right to education. Education shall be free, at least in the elementary and fundamental stages. Elementary education shall be compulsory. Technical and professional education shall be made generally available and higher education shall be equally accessible to all on

à des conditions équitables et satisfaisantes de travail et à la protection contre le chômage.

2. Tous ont droit, sans aucune discrimination, à un salaire égal pour un travail égal.

3. Quiconque travaille a droit à une rémunération équitable et satisfaisante lui assurant ainsi qu'à sa famille une existence conforme à la dignité humaine et complétée, s'il y a lieu, par tous autres moyens de protection sociale.

4. Toute personne a le droit de fonder avec d'autres des syndicats et de s'affilier à des syndicats pour la défense de ses intérêts.

Article 24
Toute personne a droit au repos et aux loisirs et notamment à une limitation raisonnable de la durée du travail et à des congés payés périodiques.

Article 25
1. Toute personne a droit à un niveau de vie suffisant pour assurer sa santé, son bien-être et ceux de sa famille, notamment pour l'alimentation, l'habillement, le logement, les soins médicaux ainsi que pour les services sociaux nécessaires ; elle a droit à la sécurité en cas de chômage, de maladie, d'invalidité, de veuvage, de vieillesse ou dans les autres cas de perte de ses moyens de subsistance par suite de circonstances indépendantes de sa volonté.

2. La maternité et l'enfance ont droit à une aide et à une assistance spéciale. Tous les enfants, qu'ils soient nés dans le mariage ou hors mariage, jouissent de la même protection sociale.

Article 26
1. Toute personne a droit à l'éducation. L'éducation doit être gratuite, au moins en ce qui concerne l'enseignement élémentaire et fondamental. L'enseignement élémentaire est obligatoire. L'enseignement technique et professionnel doit être généralisé ; l'accès aux études supérieures doit être ouvert en pleine égalité à tous en

the basis of merit.

(2) Education shall be directed to the full development of the human personality and to the strengthening of respect for human rights and fundamental freedoms. It shall promote understanding, tolerance and friendship among all nations, racial or religious groups, and shall further the activities of the United Nations for the maintenance of peace.

(3) Parents have a prior right to choose the kind of education that shall be given to their children.

Article 27.

(1) Everyone has the right freely to participate in the cultural life of the community, to enjoy the arts and to share in scientific advancement and its benefits.

(2) Everyone has the right to the protection of the moral and material interests resulting from any scientific, literary or artistic production of which he is the author.

Article 28.

Everyone is entitled to a social and international order in which the rights and freedoms set forth in this Declaration can be fully realized.

Article 29.

(1) Everyone has duties to the community in which alone the free and full development of his personality is possible.

(2) In the exercise of his rights and freedoms, everyone shall be subject only to such limitations as are determined by law solely for the purpose of securing due recognition and respect for the rights and freedoms of others and of meeting the just requirements of morality, public order and the general welfare in a democratic society.

(3) These rights and freedoms may in no case be exercised contrary to the purposes and principles of the United Nations.

fonction de leur mérite.

2. L'éducation doit viser au plein épanouissement de la personnalité humaine et au renforcement du respect des droits de l'homme et des libertés fondamentales. Elle doit favoriser la compréhension, la tolérance et l'amitié entre toutes les nations et tous les groupes raciaux ou religieux, ainsi que le développement des activités des Nations Unies pour le maintien de la paix.

3. Les parents ont, par priorité, le droit de choisir le genre d'éducation à donner à leurs enfants.

Article 27

1. Toute personne a le droit de prendre part librement à la vie culturelle de la communauté, de jouir des arts et de participer au progrès scientifique et aux bienfaits qui en résultent.

2. Chacun a droit à la protection des intérêts moraux et matériels découlant de toute production scientifique, littéraire ou artistique dont il est l'auteur.

Article 28

Toute personne a droit à ce que règne, sur le plan social et sur le plan international, un ordre tel que les droits et libertés énoncés dans la présente Déclaration puissent y trouver plein effet.

Article 29

1. L'individu a des devoirs envers la communauté dans laquelle seul le libre et plein développement de sa personnalité est possible.

2. Dans l'exercice de ses droits et dans la jouissance de ses libertés, chacun n'est soumis qu'aux limitations établies par la loi exclusivement en vue d'assurer la reconnaissance et le respect des droits et libertés d'autrui et afin de satisfaire aux justes exigences de la morale, de l'ordre public et du bien-être général dans une société démocratique.

3. Ces droits et libertés ne pourront, en aucun cas, s'exercer contrairement aux buts et aux principes des Nations Unies.

Article 30.

Nothing in this Declaration may be interpreted as implying for any State, group or person any right to engage in any activity or to perform any act aimed at the destruction of any of the rights and freedoms set forth herein.

Article 30

Aucune disposition de la présente Déclaration ne peut être inter-
prétée comme impliquant pour un État, un groupement ou un individu un droit quelconque de se livrer à une activité ou d'accomplir un
acte visant à la destruction des droits et libertés qui y sont énoncés.

CHAPTER 9
Freethinking 101

There are many degrees or levels of being a Freethinker. Once open-minded rational thinking is attained, it follows that religion(s) would be discarded from ones' philosophy of life. This is part of the first degree in freethinking and it's a very significant first step. Accepting the existence of various philosophies, movements and ideals but not necessarily adhering to them is another step in the right direction. Atheists are on track to being Freethinkers, but just because one considers him/herself an atheist does not mean that one has become a thorough and advanced Freethinker. An advanced Freethinker applies rational open-minded thinking to all aspects of life.

The condemnation and penal sanctioning of killing, stealing or lying seem to be common moral and ethical values espoused by most societies (the Russian leadership, Donald Trump and Mohammed ben Salmane being of course, notable exceptions).

Sexual conformity to an established philosophy, mainly religious ones, seem to be gaining some flexibility to these established rules (see the LGBTQA+ movement for example).
However, freedom of travel, is more restricted in today's world as refugees from impoverished and war-torn countries test other countries ability to accommodate them.
(See Art. 13 UDHR.)

CHAPITRE 9
Libre-pensée 101[*5]

Il y a beaucoup de degrés ou de niveaux pour être un libre-penseur. Une fois la pensée rationnelle ouverte d'esprit atteinte, il s'ensuit que la ou les religion(s) serai(en)t écartée(s) de la philosophie de la vie. Cela fait partie du premier degré de la libre-pensée et c'est une première étape très importante. Accepter l'existence de philosophies, de mouvements et d'idéaux différents sans nécessairement y adhérer est un nouveau pas dans la bonne direction. Les athées sont sur la bonne voie pour être des libres-penseurs, mais ce n'est pas parce qu'on se considère comme un athée qu'on est, complètement et de manière avancée, devenu un libre-penseur. Un libre-penseur avancé applique une pensée rationnelle et ouverte à tous les aspects de la vie.

La condamnation et la sanction pénale pour meurtre, vol ou mensonge semblent être des valeurs morales et éthiques communes adoptées par la plupart des sociétés (les dirigeants russes, Donald Trump et Mohammed ben Salmane, sont bien entendu des exceptions majeures).

La conformité sexuelle à une philosophie établie, principalement à celle de la religion, semblent atteindre davantage de flexibilité aux règles bien établies (référez-vous aux mouvements LGBTQIA+ par exemple).
Toutefois, la liberté de voyager est plus restreinte dans le monde d'aujourd'hui, car les réfugiés des pays pauvres et déchirés par la guerre testent la capacité d'autres pays à les accueillir.
(Voir Art. 13 de la DUDH.)

(*5) : Le chiffre 101 représente la numérotation du premier niveau de la première année universitaire aux États-Unis.

Mass immigration was not considered when Article 13 was written and discussed. I don't have any solutions for today's treatment of refugees but incarcerating them in deplorable conditions is certainly not the answer.

Women's rights and freedoms are improving but they still have a long way to go to attain any real equality with men in our male dominated societies.

Women also bear a disproportionate responsibility for procreation and education of children. Once again, this situation can only be improved by providing equitable and valid education versus conditioning.

L'immigration de masse n'était pas prise en compte lorsque l'Article 13 a été écrit et débattu. Je n'ai pas de solutions pour le traitement des réfugiés actuels, mais les incarcérer dans des conditions déplorables n'est certainement pas la solution.

Les droits et libertés des femmes s'améliorent mais ont encore une longue route avant d'atteindre une réelle égalité avec les hommes dans nos sociétés à dominance masculine.

Les femmes assument également une responsabilité disproportionnée en matière de procréation et d'éducation des enfants. Une fois encore, cette situation ne peut que progresser en offrant une éducation juste et valide par opposition à un conditionnement.

CHAPTER 10
Education vs Conditioning

Education is important. So why is it being so neglected? Emphasis worldwide is on conditioning instead of real education. Rote learning is fine for many basic subjects such as the "3 Rs" (Reading, 'Riting and 'Rithmatic) that we all learned in elementary school (in the US), but serious open minded and rational thinking needs to be initiated as well.

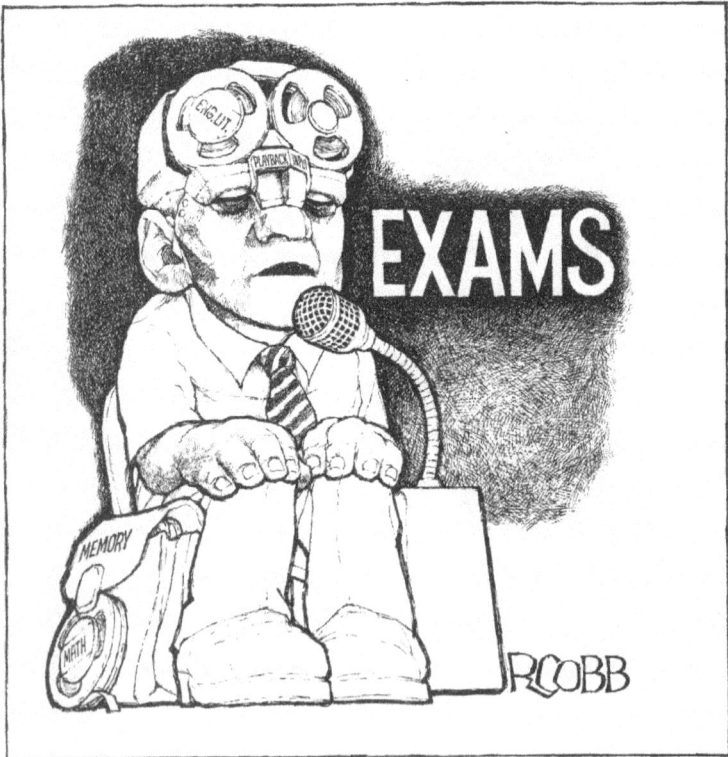

CHAPITRE 10
Éducation ou conditionnement

L'éducation est importante. Alors pourquoi est-elle si négligée? Partout dans le monde, l'accent est mis sur le conditionnement plutôt que sur une véritable éducation. L'apprentissage par alternance convient à de nombreux sujets de base comme les « 3 R » (« Reading », « 'Riting » et « 'Rithmatic »[*6]) que nous avons tous appris à l'école élémentaire (aux États-Unis), mais il faut aussi amorcer une réflexion sérieuse, ouverte et rationnelle.

[*6] **TRADUCTION :** lecture, écriture et arithmétique

We could easily define education as teaching the basic tools for the human animal to function, communicate, and socialize intelligently in society. And we can all probably agree that the human race is a social animal and therefore, a primary education is necessary. Learning to speak, read, write, and count are, at the very least, minimal courses in primary education. I want to add that learning how to **THINK** should also be among these essential learning tools in primary education. But many, if not all, governments in the world today do not subscribe to this idea. That's probably because an educated, rational thinking population would be much more difficult to govern. That governed population would be more demanding. It would ask the why's and how's; questions that governments hate to answer. Governments could and should be called upon to justify openly their decisions that affect all concerned.

Edward de Bono has been a notable proponent for the teaching of thinking in school curriculums. Of course, we all think, but today's problem is the lack of quality and diversity in our thinking processes. If a vast number of people worldwide were taught to think more rationally with an open mind, we wouldn't have most of the problems that we have today. Freethinking people would more easily find solutions to issues facing our civilization. (Please forgive me for calling what we have today "civilization".) We have just barely come down out of the trees! And out of the caves!

I can't say how or when I began to think, but I know that it was at an early age, perhaps when I was about five years old. I recall that I had a natural(?) tendency to be

Nous pourrions facilement définir l'éducation comme l'enseignement des outils de base pour que l'animal humain fonctionne, communique et se socialise de manière intelligente en société. Nous sommes aussi tous probablement d'accord que la race humaine est un animal social et donc qu'une éducation primaire est une nécessité. Apprendre à parler, lire, écrire et compter constituent un cursus minimal d'une éducation de base. J'aimerais ajouter que l'apprentissage de la manière de **PENSER** devrait également faire partie de ces outils de base sur la liste des choses à apprendre dans une éducation de base. Mais la plupart, sinon tous les gouvernements du monde d'aujourd'hui, n'adhèrent pas à cette idée. C'est probablement parce qu'une population éduquée rationnellement serait beaucoup plus difficile à gouverner. Cette population gouvernée serait plus exigeante, elle demanderait les pourquoi et les comment qui sont des questions auxquelles les gouvernements détestent répondre. Les gouvernements pourraient et devraient être appelés à justifier ouvertement leurs décisions, qui touchent tous les intéressés.

Edward de Bono a été et est toujours un promoteur notable de l'enseignement de la pensée dans les programmes scolaires. Bien sûr, nous pensons tous, mais le problème aujourd'hui est le manque de qualité et de diversité dans nos processus de pensée. Si on apprenait à un grand nombre de personnes dans le monde à penser de façon plus rationnelle avec un esprit ouvert, nous n'aurions pas la plupart des problèmes que nous avons aujourd'hui. Les libres-penseurs trouveraient plus facilement des solutions aux problèmes auxquels fait face notre civilisation. (Veuillez me pardonner d'appeler « civilisation » ce que nous avons aujourd'hui .) Nous venons tout juste de descendre des arbres ! Et de sortir des cavernes !

Je ne sais pas comment ni quand j'ai commencé à réfléchir, mais je sais que c'était à un jeune âge, peut-être quand j'avais environ cinq ans. Je me souviens que j'avais une tendance naturelle (?) à être

curious, and this curiosity led me to question and seek answers to so many things surrounding me. I also developed a healthy appetite for reading, initially comic books, which stimulated my imagination. From there, I gravitated to some more serious literature from authors such as Steinbeck, Twain, Hemingway, and so many others, reading on average two to three books every month. A reading habit that began in my early teens and continues to this day. Someday somebody should start CPA - "Couch Potatoes Anonymous" as it's direly needed!

I previously used the expression "real education". By this, I mean not just the basics but also how to be tolerant, objective, compassionate, honest, etc., as these qualities are visibly lacking in most societies. Too many educators expect parents to educate their children in the subjects mentioned above, but how can you expect parents to educate their children in subjects they have never learned?

Conditionning

Regrettably, we often confuse education with conditioning. Rote learning, as previously mentioned, is sufficient for the basics. But the real and most rewarding education comes from learning how to think rationally and objectively and not conditioning. Ivan Pavlov's work introduced us to reflexive conditioning. And there are many other forms of conditioning, and the terminology varies, and 'brainwashing' is simply another form of conditioning instead

curieux, et cette curiosité m'a amené à me questionner et à chercher des réponses à tant de choses qui m'entouraient. J'ai également développé un appétit sain pour la lecture, initialement de bandes dessinées, qui a stimulé mon imagination. De là, j'ai gravité vers des lectures plus sérieuses appartenant à la littérature d'auteurs tels que Steinbeck, Twain, Hemingway et bien d'autres, lisant en moyenne de deux à trois livres par mois. C'est une habitude de lecture qui a commencé au début de mon adolescence et qui continue à ce jour. Un de ces jours, quelqu'un devrait créer les *CPA*, « *Couch Potatoes Anonymous* » [*8], puisque nous en avons terriblement besoin.

J'ai déjà utilisé l'expression « éducation réelle », et par cela j'entends non seulement les bases mais aussi comment être tolérant, objectif, compatissant, honnête, etc., car ces qualités sont visiblement absentes dans la plupart des sociétés. Trop d'éducateurs s'attendent à ce que les parents éduquent leurs enfants sur les sujets susmentionnés, mais comment peut-on s'attendre à ce que les parents éduquent leurs enfants sur des sujets qu'ils n'ont jamais appris eux-mêmes !?

Conditionnement

Malheureusement, nous confondons souvent l'éducation et le conditionnement. L'apprentissage par alternance, comme on l'a déjà mentionné, est une bonne chose pour l'essentiel. Mais l'éducation réelle, et la plus enrichissante, vient de l'apprentissage de la façon de penser rationnellement et objectivement, et non pas du conditionnement. L'œuvre d'Ivan Pavlov nous a présenté le conditionnement réflexif. Et il y a beaucoup d'autres formes de conditionnement et la terminologie varie ; le « lavage de cerveau » est simplement une autre forme de conditionnement par opposition

(*8) **TRADUCTION** : « les Accros du Canapé Anonymes »

of education.

All religions are guilty of blatantly conditioning their adherents or followers to their prescribed philosophy.

And don't forget it was just a few centuries ago that Catholics assassinated Protestants, and Protestants assassinated Catholics for not adhering to their specific form of worship. Before that, we had the crusades, and today, we have in the Muslim world Sunnis killing Shiites; Buddhists killing Muslims and the list goes on. The human animal has an unlimited ability to stoke prejudice on anyone and everyone for any perceived reason.

As previously mentioned, education is defined as the learning of basic social skills like reading, writing, and arithmetic, and further education in the sciences, sports, and social etiquette are highly commendable. However, for far too many, these are neglected as a waste of time.

Conditioning, often confused as education, is merely the imposition of rules and methods of conducting oneself for acceptance in a given society. All religions impose upon their follower's conformity to established rules and customs. Centuries ago, failure to conform to these rules were sanctioned with death or imprisonment. Even today, these unwarranted severe punishments are still enforced for adultery or homosexual behavior in some countries.

We need to understand that everyone undergoes what I call "edu-conditioning" from the time of birth. Born in North America, you'll receive an edu-conditioning in Christianity. If you're born in Saudi Arabia or another country dominated by the Muslim religion, you'll be edu-conditioned in Islam. And if you're born in Asia, you'll more than likely be edu-conditioned in Buddhism. All religions are guilty

à l'éducation.

Toutes les religions sont coupables de conditionner ouvertement leurs adhérents ou disciples à leur philosophie prescrite.

Et n'oubliez pas qu'il y a quelques siècles à peine, des catholiques assassinaient des protestants et des protestants assassinaient des catholiques pour ne pas avoir adhéré à leur forme spécifique de culte. Avant cela, nous avons eu les croisades et aujourd'hui, nous avons dans le monde musulman des sunnites qui tuent des chiites; des bouddhistes qui tuent des musulmans et ainsi de suite. L'animal humain a une capacité illimitée d'attiser les préjugés sur n'importe qui pour toute raison perçue.

Comme mentionné précédemment, l'éducation peut être grossièrement définie comme l'apprentissage de compétences sociétales de base telles que la lecture, l'écriture et l'arithmétique, il en est de même de la formation continue dans les sciences, les sports et l'étiquette sociale qui sont très louables, cependant, trop de ces formations sont négligées et considérées comme une perte de temps.

Le conditionnement, souvent confondu avec l'éducation, n'est que l'imposition de règles et de méthodes pour se conduire de manière acceptable dans une société donnée. Toutes les religions imposent à leurs adeptes la conformité aux règles et coutumes établies. Il y a des siècles, le non-respect de ces règles aurait pu être sanctionné par la mort ou l'emprisonnement et, même aujourd'hui, ces punitions sévères injustifiées sont toujours appliquées pour adultère ou comportement homosexuel dans certains pays, par exemple.

Nous devons comprendre que chacun subit ce que j'appelle l'«édu-conditionnement» depuis la naissance. Si vous êtes né en Amérique du Nord, vous recevrez un édu-conditionnement chrétien. Si vous êtes né en Arabie Saoudite ou dans un autre pays dominé par la religion musulmane, vous serez édu-conditionné d'après l'islam. Et si vous êtes né en Asie, vous serez édu-conditionné selon le bouddhisme. Toutes les religions sont coupables

of edu-conditioning, and every Freethinker knows this. When Freethinkers know and acknowledge that this edu-conditioning exists, they understand the extreme difficulty debating with the edu-conditioned about the open, rational mind thinking processes.

In 1971, I was frankly shocked while eating in a popular working-class restaurant in Saigon, Vietnam, as some of the patrons were spitting out on the floor chicken bones and other undesirable items that they didn't want to keep on their plate or in a bowl. Young Vietnamese girls were continually moving about to sweep away this "trash" on the floor. My Vietnamese friend told me that this behavior or custom was a common gest. I burst out laughing as I imagined the shocked looks on American's faces if a Vietnamese person visiting the US would do the same thing in an American restaurant.

By restricting the teaching of open-minded rational thinking, our society(ies) continue(s) to produce individuals who question little of their existence. It has been documented that the offspring of working-class families will often become workers, that children of doctors become doctors, lawyers to lawyers, etc.

If, again, a big **IF**, children are taught to think at the earliest possible age, then it is more than likely that our society(ies) will evolve into being more humane, tolerant, and responsible.
Educated to conform! Edu-conditioned! Edu-conditioning! Or just plain Brainwashing?

In 2009 when my daughter, like so many others before her, insisted I write "my story", and I finally agreed to start writing it. The problem is that I had never written anything, and I almost failed my last required English class in high school.

d'édu-conditionnement et chaque libre-penseur le sait. Lorsque les libres-penseurs savent et reconnaissent que cet édu-conditionne-ment existe, ils comprennent l'extrême difficulté de débattre avec l'édu-conditionné sur les processus de pensée rationnels ouverts.

En 1971, j'ai été franchement choqué, alors que je mangeais dans un restaurant populaire de la classe ouvrière à Saigon, au Viêtnam, car certains clients crachaient au sol des os de poulet et d'autres élé-ments indésirables qu'ils ne voulaient pas garder dans leur assiette ou dans un bol. Les jeunes vietnamiennes s'occupaient constam-ment de balayer cette « poubelle » par terre. Mon ami vietnamien m'a dit que ce comportement ou cette coutume était habituel. J'ai éclaté de rire en imaginant les visages choqués des américains si un viêtnamien visitant les États-Unis faisait la même chose dans un restaurant américain.

En restreignant l'enseignement de la pensée rationnelle ouverte, notre(nos) société(s) continue(nt) à produire des individus qui remettent peu en question leur propre existence. Il a été largement prouvé que les enfants des familles ouvrières deviendront souvent des ouvriers, que les enfants des médecins deviendront des mé-decins, des enfants d'avocats des avocats, etc.
Si, encore une fois, avec un grand **SI**, les enfants apprenaient à pen-ser le plus tôt possible, alors il est plus que probable que notre(s) société(s) évoluera(ront) en étant plus humaine(s), tolérante(s) et responsable(s).

Éduqués à se conformer ! Édu-conditionnés ! Édu-conditionne-ment ! Ou juste lavage de cerveau ordinaire ?

En 2009, ma fille, comme beaucoup d'autres avant elle, insista pour que j'écrive « mon histoire » et j'ai finalement accepté de le faire. Le problème était que je n'avais jamais écrit quelque chose, et que j'ai failli échouer à mon dernier examen obligatoire d'anglais au lycée.

I think I got a C+; otherwise, I would have had straight A's (My bragging rights).

"My story" is what people would label it as a memoir, and since I knew nothing about writing, much less a memoir, someone suggested that I read Mary Karr's *The Liar's Club*. I did. And to my surprise, I discovered that I liked it because I mostly read science fiction, thrillers, and mysteries for the most part.

In an interview on CNN with Christiane Amanpour (in 2018), Mary Karr said that men born before 1980 should be locked up in a hotel room and reprogramed. She apologized to Mr. Cavett, who was being interviewed simultaneously and was obviously born before 1980. I'm still wondering why she made that comment. I suppose she was generalizing, but what kind of men had she been frequenting or observing to get such an impression? Maybe women need to be reprogramed too? I believe our entire society needs to be reprogramed. De-conditioned would be a better option. Perhaps I should dream on!

I'm still working on "my story" (yes, I'm a very slow writer), I heard that Tara Westover had written a notable and quite successful memoir, *Educated*. I read it, and I have to admit I was impressed by her determination to flee her father's fanatical Mormon ideology. I was amazed and somewhat saddened to see that she still maintains her adherence to the Mormon religion. She provides an excellent example of how strong edu-conditioning can be.

Je crois que j'ai eu un C+ (équivalent à 11/20), alors que mes autres résultats étaient des A (équivalent de 20/20) (ça, c'est une fierté).

« Mon histoire » est ce que les gens appelleraient un mémoire, et puisque je n'y connaissais rien à l'écriture, et encore moins à un mémoire, on m'a dit que je pourrais lire *Le club des menteurs* de Mary Karr. Je l'ai fait. Et à ma surprise, j'ai découvert que je l'appréciais parce que d'habitude je lisais surtout de la science-fiction, des thrillers et des intrigues.

Dans une interview sur CNN avec Christiane Amanpour (en 2018) Mary Karr a dit que les hommes nés avant 1980 devraient être enfermés dans une chambre d'hôtel et reprogrammés. Elle s'est excusée auprès de M. Cavett, évidemment né avant 1980, qui a été interviewé en même temps. Je me demande encore pourquoi elle a formulé ce commentaire. Je suppose qu'elle faisait une généralité mais tout de même, quel genre d'hommes a-t-elle fréquenté ou observé pour avoir une telle impression ? Peut-être que les femmes ont aussi besoin d'être reprogrammées ? Je crois que notre société a besoin d'être reprogrammée. Je pense que dé-conditionnée serait une meilleure option. Peut-être devrais-je encore rêver de cette société !

Alors que je travaille encore sur « mon histoire » (oui, je suis un écrivain très lent), j'ai entendu que Tara Westover avait écrit un mémoire remarquable et à succès : *Educated*. Je l'ai lu et je dois reconnaître que j'ai été impressionné par sa détermination à fuir la fanatique idéologie mormone de son père. J'ai été étonné et quelque peu attristé de voir qu'elle maintient toujours son adhésion à la religion mormone. Elle fournit un bon exemple de la puissance qu'une édu-conditionnement peut avoir.

CHAPTER 11
Freethinking Green

It wasn't until the early 19th century that a "green" conscience began taking form. The mid to late 20th century finally saw the beginning of serious concern for the environment. The Earth Day, Greenpeace, WWF, and many other green political entities were established to arouse humanity's collective conscience to the necessity to preserve and protect life as we know it on our mutual occupation of the planet Earth.

It should be evident that we need clean air and water to live in a healthy environment. The unlimited, unrestricted burning of fossil fuels and the pollution of rivers and oceans should also be recognized as an impediment to leading a healthy life. Conservation of natural resources is a must!

Note: The Clean Air Act of 1963 was designed to address and regulate air pollution in the United States of America.

CHAPITRE 11
La libre-pensée verte

Ça n'a été qu'à partir du début du 19e siècle que la conscience
« verte » a commencé à prendre forme. Du milieu à la fin du 20e siècle on a enfin vu le début d'un intérêt sérieux envers l'environnement. Earth Day, Greenpeace, WWF et beaucoup d'autres entités
politiques vertes se sont établies pour éveiller la conscience collective de l'humanité à propos de la nécessité de préserver et protéger
la vie telle qu'on la connaît sur notre planète Terre.

Cela devrait être évident que nous avons tous besoin d'air et d'eau
propres pour vivre dans un environnement sain. L'utilisation illimitée et non restreinte de l'énergie fossile ainsi que la pollution des
rivières et des océans devraient aussi être reconnues comme une
entrave pour vivre sainement. La conservation des ressources naturelles est un impératif !

TRADUCTION (de gauche à droite, de haut en bas) :

"Oui, je vois bien votre point de vue sur ce ridicule Clean Air Act -
Poursuivez s'il-vous-plaît...

INDUSTRIES POLLUANTES - CONGRÈS

CONTRIBUTEURS ET COTISANTS

Ça devient de plus en plus clair"

Note : Le *Clean Air Act* de 1963 visait à lutter contre la pollution atmosphérique et à la
réglementer aux États-Unis.

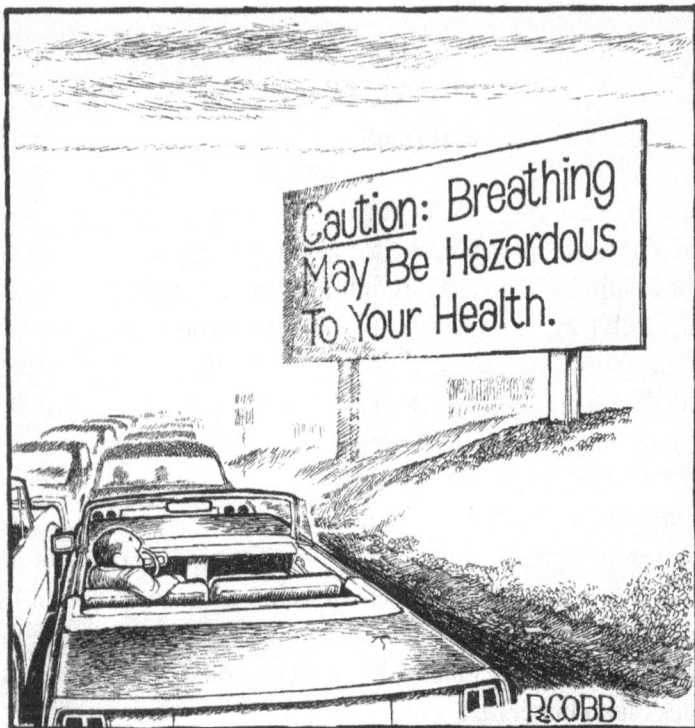

ATTENTION : RESPIRER
PEUT ETRE DANGEREUX
POUR VOTRE SANTE

Only a fool can believe that we can empty the oceans of fish, cut down all the trees in our forests, and live on a suitable, healthy life-sustaining planet.

Our planet is not expandable and, therefore, cannot support 50 to 100 billion more people. If the human race is to survive, we need to manage the natural resources, the air, the water, and the population responsibly. Colonization of inhabitable planets is pure fantasy, and we need to stop dreaming unless, of course, we can find a way to travel at thousands of times faster than the speed of light! There are many more critical issues to be prioritized. I'm not saying that we need to abandon all space exploration,

ATTENTION : RESPIRER
PEUT ÊTRE DANGEREUX
POUR VOTRE SANTÉ

Seul un fou peut croire que l'on peut dépeupler les océans de poissons et abattre tous les arbres de nos forêts en continuant à vivre sur une planète saine et durable.

Notre planète n'est pas extensible, et par ce fait elle ne peut pas contenir 50 à 100 milliards de personnes de plus. Pour que la race humaine puisse survivre, nous devons gérer les ressources naturelles, l'air, l'eau et la population de façon responsable. La colonisation des planètes habitables est une pure fantaisie et nous devons arrêter de rêver à moins bien sûr que nous puissions trouver un moyen de voyager des milliers de fois plus vite que la vitesse de la lumière ! Il y a beaucoup d'autres questions importantes à traiter en priorité. Je ne dis pas que nous devons abandonner toute exploration spatiale,

but do we need to spend the enormous amounts of money to explore solar systems light years away? This expense might be justified if the human animal had a life expectancy of more than a few thousand years. My limited knowledge today only confirms that the average human animal will "check out" (die) before the age of one hundred in the future. But who knows, science and others may discover ways to increase our life expectancy in the decades to come. Cloning doesn't count!

Energy derived from the sun and wind are making good strides, but there is undoubtedly much more progress to be made. Ocean currents and rivers still need to be harnessed to provide additional energy. Humans, as they walk, could provide significant amounts of power and moving vehicles too. We all need to understand that burning fossil fuels is suicidal for most, if not all, living beings.

Better and more environmentally friendly renewable sources of energy are better for all concerned, but we still need to find ways to use less energy.

One way we could start saving energy is to stop cremating human remains when life ends or burying them in costly wooden caskets. And I won't mention the enormous amount of fertile land that cemeteries use. I recently heard about using human remains as compost to return them to usable soil, which would be more economical and better for the environment. Not a bad idea!

Vegetarians probably won't agree considering the possibility of ingesting drug residue and hormones that may be present in the human remains.

mais devons-nous vraiment dépenser d'énormes sommes d'argent pour explorer les systèmes solaires à des années-lumière de là ? Cette dépense pourrait être justifiée si l'animal humain avait une espérance de vie de plus de mille ans. Mes connaissances limitées aujourd'hui ne font que confirmer que l'animal humain moyen fera sont « *check out* » (mourra) avant l'âge de cent ans dans un proche avenir. Mais qui sait, la science et d'autres peuvent découvrir des moyens d'augmenter notre espérance de vie dans les décennies à venir. Le clonage ne compte pas !

L'énergie dérivée du soleil et du vent fait de bons progrès, mais il y a certainement beaucoup plus à faire. Les courants océaniques et les rivières doivent encore être exploités pour fournir de l'énergie supplémentaire. Les êtres humains qui marchent pourraient fournir des quantités importantes d'énergie et les véhicules en mouvement le pourraient également. Nous devons tous comprendre que la combustion d'énergies fossiles est suicidaire pour la plupart, sinon tous les êtres vivants.

Des sources d'énergie renouvelables et plus respectueuses de l'environnement sont évidemment meilleures pour toutes les parties concernées, mais nous devons également encore trouver des moyens d'utiliser moins d'énergie.

Une façon de commencer à l'économiser serait d'arrêter de brûler les restes humains quand la vie se termine ou de les enterrer dans des cercueils en bois coûteux. Et je ne mentionnerai pas l'énorme quantité de terres fertiles que les cimetières utilisent. J'ai récemment entendu parler de l'utilisation des restes humains comme compost afin de les remettre dans un sol utilisable qui serait plus économique et meilleur pour l'environnement. Ce n'est pas une mauvaise idée !

Les végétariens, en particulier, ne seront probablement pas d'accord considérant le risque d'ingérer des résidus de médicaments et des hormones qui peuvent être contenus dans les restes humains.

I can't help thinking about a film directed by Richard Fleisher released in 1973 titled *Soylent Green*. The film was loosely based on a book by Harry Harrison, *Make Room, Make Room*, published in 1966. Those individuals involved in making the film imagined the recycling of human remains to feed the masses. One might ask, "Why not?". Probably not feasible today because of the overuse of antibiotics, hormones, and other miscellaneous drugs.

If the human body could be sanitized, why not dispose of the human remains in the oceans to nourish the fish instead of poisoning them (the fish) with plastics. Seriously, we feed millions with what we reap from our oceans, and maybe it's time to think about feeding the living creatures that we eventually put on our tables. We feed livestock and then slaughter them to be sold in various stores for our consumption, don't we?!

The teenager, Greta Thunberg recently became well-known for her speech at the COP24 conference on climate change held in Katowice, Poland on the 2nd thru the 15th of December 2018. The transcript of her speech follows:

"My name is Greta Thunberg. I am 15 years old. I am from Sweden. I speak on behalf of Climate Justice Now.
Many people say that Sweden is just a small country and it doesn't matter what we do. But I've learned you are never too small to make a difference. And if a few children can get headlines all over the world just by not going to school, then imagine what we could all do together if we really wanted to. But to do that, we have to speak clearly, no matter how uncomfortable that may be.

Je ne peux m'empêcher de penser à un film réalisé par Richard Fleisher sorti en 1973 et intitulé *Soylent Green*. Le film a été librement adapté d'un livre de Harry Harrison, *Make Room, Make Room*, publié en 1966. Ces individus impliqués dans la réalisation du film ont imaginé le recyclage des restes humains pour nourrir les masses. On pourrait se demander : « Pourquoi pas ? ». C'est probablement impossible aujourd'hui en raison de la surutilisation d'antibiotiques, d'hormones et d'autres médicaments divers.

Mais si le corps humain pouvait être assaini, pourquoi ne pas en jeter les restes dans les océans pour nourrir les poissons au lieu de les empoisonner avec des plastiques. Sérieusement, nous en mangeons des millions avec ce que nous récoltons de nos océans, peut-être qu'il est temps de penser à mieux nourrir les créatures vivantes que nous finirons par mettre sur nos tables. On nourrit toutes sortes de bétail et on les abat pour les vendre dans différents magasins pour notre consommation, n'est-ce pas ?!

L'adolescente Greta Thunberg est récemment devenue célèbre pour son discours à la conférence COP24 sur le changement climatique qui s'est tenue à Katowice, en Pologne, les 2 et 15 décembre 2018. Voici la transcription de son discours :

« Mon nom est Greta Thunberg. J'ai 15 ans et je suis suédoise. Je parle ici à la COP24 au nom de l'association Climate Justice Now. La plupart des gens pensent que la Suède est un trop petit pays pour avoir une action digne d'être prise en compte. Mais j'ai appris que vous n'êtes jamais trop petit pour faire une différence. Et si quelques enfants ont pu faire la une des journaux autour du monde rien qu'en arrêtant d'aller à l'école, alors imaginez ce que ça ferait si tout le monde s'y mettait si nous le voulions vraiment. Mais pour ce faire, nous devons parler clairement. Peu importe à quel point cela peut être inconfortable.

You only speak of green eternal economic growth because you are too scared of being unpopular. You only talk about moving forward with the same bad ideas that got us into this mess, even when the only sensible thing to do is pull the emergency brake. You are not mature enough to tell it like is. Even that burden you leave to us children. But I don't care about being popular. I care about climate justice and the living planet. Our civilization is being sacrificed for the opportunity of a very small number of people to continue making enormous amounts of money.

Our biosphere is being sacrificed so that rich people in countries like mine can live in luxury. It is the sufferings of the many which pay for the luxuries of the few.

The year 2078, I will celebrate my 75th birthday. If I have children maybe they will spend that day with me. Maybe they will ask me about you. Maybe they will ask why you didn't do anything while there still was time to act. You say you love your children above all else, and yet you are stealing their future in front of their very eyes. Until you start focusing on what needs to be done rather than what is politically possible, there is no hope. We cannot solve a crisis without treating it as a crisis.

We need to keep the fossil fuels in the ground, and we need to focus on equity. And if solutions within the system are so impossible to find, maybe we should change the system itself. We have not come here to beg world leaders to care. You have ignored us in the past and you will ignore us again. We have run out of excuses and we are running out of time. We have come here to let you know that change is coming, whether you like it

Vous ne parlez que de croissance économique verte et durable parce que vous avez peur d'être impopulaires. Vous ne parlez que de poursuivre les mêmes mauvaises idées qui nous ont mis dans cette situation alors que la seule réaction logique est de tirer le frein d'urgence. Vous n'êtes pas assez matures pour dire les choses telles qu'elles sont. Même ce fardeau, vous nous le laissez à nous, les enfants. Mais je me moque d'être populaire. Je tiens à la justice climatique et à une planète vivante. Notre civilisation est sacrifiée pour permettre à une petite poignée de gens de continuer à gagner d'énormes sommes d'argent.

Notre biosphère est sacrifiée pour que des personnes riches dans des pays comme le mien puissent vivre dans le luxe. Ce sont les souffrances du plus grand nombre qui payent pour le luxe de quelques-uns.

En 2078, je fêterai mes 75 ans. Si j'ai des enfants peut-être qu'ils passeront cette journée avec moi. Peut-être qu'ils me demanderont de parler de vous. Peut-être qu'ils me demanderont pourquoi vous n'avez rien fait alors qu'il était encore temps d'agir. Vous dites que vous aimez vos enfants par-dessus tout et pourtant vous volez leur futur sous leurs yeux. Jusqu'à ce que vous vous concentriez sur ce qui doit être fait plutôt que sur ce qui est politiquement possible, il n'y a aucun espoir. Nous ne pouvons pas résoudre une crise sans la traiter comme telle.

Nous devons laisser les énergies fossiles dans le sol, et nous devons nous concentrer sur l'équité. Et si les solutions sont introuvables à l'intérieur du système, alors peut-être devons-nous changer le système lui-même. Nous ne sommes pas venus ici pour supplier les dirigeants du monde de s'inquiéter. Vous nous avez ignorés par le passé, et vous nous ignorerez encore. Nous sommes à court d'excuses et nous sommes à court de temps. Nous sommes venus ici pour vous dire que c'est l'heure du changement que cela vous plaise

or not. The real power belongs to the people. Thank you. "[*6]

Many people were impressed by this young girls' speech. She clearly demonstrated her Freethinking mindset and her determination to take action on an important issue confronting our society today. We need many, more Greta's if our species is going to survive for centuries to come.

Today we can add Artificial Intelligence to the automation equation.

OH... VOUS N'ETES PAS AU COURANT
LA REVOLUTION INDUSTRIELLE EST FINIE...
NOUS AVONS GAGNE...

(*6) Transcription by Connect4Climate "Greta Thunberg's full speech at UN Climate Change COP24 Conference", published on YouTube on December 15th, 2018.

ou non. Le vrai pouvoir appartient au peuple. Merci. »[*7]

Beaucoup de gens ont été impressionnés par le discours de cette jeune fille. Elle a clairement démontré son esprit de libre-pensée et sa détermination à agir sur un enjeu important auquel notre société est confrontée aujourd'hui. Nous avons besoin de beaucoup, beaucoup, plus de Greta si notre espèce survit pendant les siècles à venir.

Aujourd'hui, nous pouvons ajouter l'intelligence artificielle à l'équation de l'automatisation.

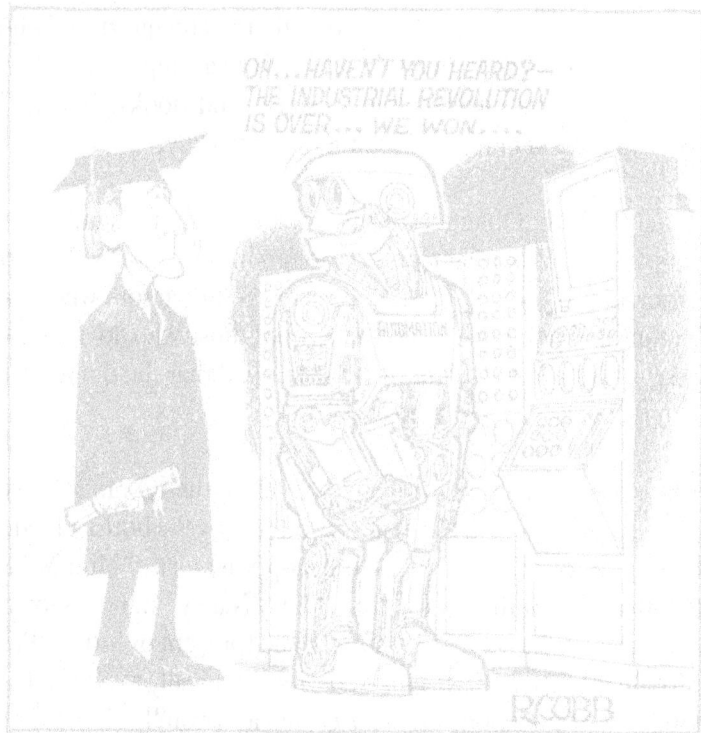

OH... HAVEN'T YOU HEARD?— THE INDUSTRIAL REVOLUTION IS OVER... WE WON...

OH... VOUS N'ÊTES PAS AU COURANT LA RÉVOLUTION INDUSTRIELLE EST FINIE... NOUS AVONS GAGNÉ...

R COBB

(*7) Retranscription par Connect4Climate de la vidéo « Greta Thunberg full speech at UN Climate Change COP24 Conference », publiée sur Youtube le 15 décembre 2018.

Freethinking Thoughts

Why do I read? I read because I want to know / learn about something. I read for entertainment or distraction or to clear my brain from one thinking process or thoughts to be able to move on to other thinking processes. I read at night till my eyes begin to close allowing me quickly to go to sleep. That way, I don't need any sleeping pills! PS: Doesn't work for everyone.

Persistence, patience and determination are just some of the attributes needed to attain short term and long term goals. But it's having a burning desire that will take one there. The question is how does one develop a deep burning desire from a simple wish? Well, there are countless motivational speakers and books, but in the end, it's up to each individual to find their own key.

I believe Michelle Obama said on several occasions, and I quote or paraphrase: "When they go low, we go high." I believe that she was referring to bullies, crass politicians and dictators who make demeaning and pejorative comments about those who do not follow their ways and means of thinking. She implied that she did not condone or delve into similar types of comments.

It's unfortunate but true that many people (in the IQ range of 100 or less) will find amusing the insults proffered by the bottom feeders in politics. When Trump refers to his opponents as "Mini Mike", "Little Marco", "Shifty Schiff" and "Crazy Nancy"..., he's showing gross disrespect totally unbecoming of the (present or future) President of the United States! This behavior is typically attributed to a moron, uh, did somebody else call Trump a moron?!

Réflexions sur la libre-pensée

Pourquoi est-ce que je lis ? Je lis parce que je veux savoir / apprendre quelque chose. Je lis pour m'amuser ou me distraire, ou bien pour aérer mon cerveau d'un processus de pensées ou de réflexions afin d'être en capacité de passer à un autre processus de pensée. Je lis le soir jusqu'à ce que mes yeux commencent à se fermer, ce qui me permet de m'endormir rapidement. De cette façon, je n'ai pas besoin de cachets pour m'endormir ! PS : Cela ne fonctionne pas pour tout le monde.

La persistance, la patience et la détermination sont juste quelques-unes des qualités requises pour atteindre des objectifs à court et à long terme. Mais c'est un désir acharné qui nous y mènera. La question est comment développer un désir ardent à partir d'un simple souhait ? Eh bien, il y a d'innombrables conférenciers et livres de motivation, mais à la fin, c'est à chacun de trouver sa propre clé.

Je crois que Michelle Obama a déclaré à plusieurs occasions, et je cite ou paraphrase : « Quand ils s'enfoncent, on s'élève ». Je pense qu'elle faisait référence à des tyrans, politiciens grossiers et dictateurs qui font des commentaires avilissants et péjoratifs sur ceux qui ne suivent pas leurs façons de penser. Elle a laissé entendre qu'elle n'approuvait pas ou qu'elle ne s'intéressait pas aux commentaires de ce genre.

Il est malheureux mais vrai que beaucoup de gens (dans la gamme de QI de 100 ou moins) trouveront amusant les insultes proférées par les politiciens des bas-fonds. Lorsque Trump se réfère à ses adversaires en les nommant « *Mini Mike* », « *Little Marco* », « *Shifty Schiff* » et « *Crazy Nancy* »..., il montre un manque de respect flagrant totalement indigne du (présent ou futur) Président des États-Unis ! Ce comportement est typiquement attribué à un crétin. Oh, quelqu'un d'autre a traité Trump de crétin ?!

What's more than just unfortunate, is that this behavior of the current POTUS, is becoming acceptable for too many people.

Make no mistake about it, Trump is viewed by many throughout the world as a clown. Not a laughable one, but a very dangerous one!

Ce qui est plus que malheureux, c'est que ce comportement du «POTUS» («*President Of The United States*»)[*8] actuel, devient acceptable pour beaucoup trop de gens.

Ne vous y trompez pas, Trump est considéré comme un clown par beaucoup de personnes dans le monde. Pas un ridicule, mais un très dangereux !

(*8) TRADUCTION : Président des États-Unis

GLOSSARY
(succinct definitions)

Agnostic – One who believes that the existence of god(s) is impossible to prove or disprove.

Anarchy – By definition (according to multiple dictionaries) is the absence of rules, regulations and laws. Anarchy in any society is impossible because societies are formed upon common acceptance of rules, regulations and laws. Only an individual living in total isolation can be a true anarchist as that individual has only oneself to abide by.

Arbitration – Can be loosely defined as having a neutral third party or entity resolve a dispute or disagreement between two or more opposing parties.

Atheist – One who does not believe in God(s) or any particular religion.

Blasphemy – It consists mainly of actions or statements showing disrespect for God, religion and all things or ideas considered sacred.

Deism – A belief that a god created the universe but no longer has any influence over the universe or humankind.

Dogma (religious & other) – Opinions that are held to be true promulgated by those in an authoritative position, i.e., Priests & Presidents.

Freethinker & Freethought – Most dictionaries limit

GLOSSAIRE
(définitions succinctes)

Agnostique – Quelqu'un qui croit que l'existence de(s) Dieu(x) est impossible à prouver et à démontrer.

Anarchie – Par définition (selon de nombreux dictionnaires), c'est l'absence de règles, règlements et lois. L'anarchie dans toute société est impossible parce que les sociétés sont formées sur l'acceptation commune des règles, des règlements et des lois. Seul un individu vivant en isolement total peut être un véritable anarchiste, car cet individu n'a que lui-même à respecter.

Arbitrage – Peut être défini de façon générale comme le fait qu'un tiers ou une entité neutre règle un différent ou un désaccord entre deux ou plusieurs parties opposées.

Athée – Quelqu'un qui ne croit pas en Dieu(x) ou en n'importe quelle religion.

Blasphème – Il se compose principalement d'actions ou de déclarations montrant un manque de respect pour Dieu, la religion et toutes les choses ou idées considérées comme sacrées.

Déisme – Une croyance qu'un dieu a créé l'univers mais n'a plus aucune influence sur l'univers ou l'humanité.

Dogme (religieux ou autre) – Opinions qui sont tenues pour vraies promulguées par ceux qui occupent un poste faisant autorité, c.-à-d.: les prêtres et les Présidents.

Libre-penseur et libre-pensée – La plupart des dictionnaires limi-

their definitions of a freethinker as a person who has liberal or independent views on religion. A person rejects authority in religious beliefs.

Non-conformist – Someone who doesn't act, look or think like everyone else. Freethinkers are not necessarily non-conformists as they may adhere to established rules and regulations and even drive on the correct / right side of the road (in most countries).

Power – The ability and means one entity to order, command or direct those who are subordinated to act according to those instructions and the ability to enforce those instructions by any and all means.

Rationalism – Is the principle of accepting accredited reason as the authority in matters of opinion and beliefs.

Secular – Not pertaining or connected to religion.

tent leurs définitions d'un libre-penseur à une personne qui a des opinions libérales ou indépendantes sur la religion. Une personne qui rejette l'autorité des croyances religieuses.

Non-conformiste – Quelqu'un qui n'agit pas, ne ressemble pas ou ne pense pas comme les autres. Les Libres Penseurs ne sont pas nécessairement non-conformistes car ils peuvent adhérer aux règles et règlements établis et même conduire du bon côté / à droite de la route (dans la plupart des pays).

Pouvoir – La capacité et les moyens de diriger, de commander ou d'ordonner, à ceux qui sont subordonnés, d'agir conformément à ces instructions et la capacité d'appliquer ces instructions par tous les moyens.

Rationalisme – Est le principe de l'acceptation de la raison accréditée comme l'autorité en matière d'opinions et de croyances. qui rejette l'autorité des croyances religieuses.

Séculier – Sans rapport ou connexion avec la religion.

UPDATE
NOVEMBER 2020 - JANUARY 2021

<u>INSANITY- American Style</u>

Seriously, this American election in 2020 has literally driven me crazy, and it's not only President Trump's behavior. How can voters and taxpayers accept that the President spends so much money campaigning for his (re)election at taxpayers expense while the opponent has to pay all their expenses by their supporters? And what about paying for all the Presidents leisure expenses?

Yes, I understand that the President has to travel on Air Force One with his security staff, but his supporters, i.e., (the GOP in this particular case) should nevertheless pay a pre-determined pro rata amount for the cost of transportation of the President and his family and friends. The same should also apply for the Presidents leisure travels. The American taxpayers should not pay for the totality of these arbitrary personal expenses. Especially for a bigoted, sexist, racist having no respect for anyone other than himself!

Now, about the electoral college. It basically hasn't changed a lot since 1804, but I still find it difficult to swallow that a President can lose the popular vote by millions and still be elected President. Something defies reason here and it needs to change. Also, all votes should be tallied by the day following the election and certified within 10 days following the election. This is possible and should be organized to be able to do so. There is absolutely no reason for the election process to drag on for weeks in a society that has the technical means to make it happen.

MISE À JOUR
NOVEMBRE 2020 - JANVIER 2021

INSANITÉ - Le style américain

Sérieusement, cette élection américaine de 2020 m'a littérale-
ment rendu fou, et pas seulement à propos du comportement du
Président Trump. Comment les électeurs et les contribuables peu-
vent-ils accepter que le Président dépense autant d'argent pour sa
(ré)élection aux frais des contribuables alors que l'adversaire doit
payer toutes ses dépenses grace à ses partisans ? Et qu'en est-il de
payer toutes les dépenses de loisirs des Présidents ?

Oui, je comprends que le Président doit voyager à bord d'Air Force
One avec son personnel de sécurité, mais ses partisans, (c'est-à-
dire le GOP dans ce cas particulier) devraient néanmoins payer un
montant au prorata prédéterminé pour le transport du Président,
de sa famille et de ses amis. Il en va de même pour les vacances des
Présidents. Les contribuables américains ne devraient pas payer
la totalité de ces dépenses personnelles arbitraires. Surtout pour
un fanatique, sexiste, raciste n'ayant aucun respect pour personne
d'autre que lui-même !

Maintenant, à propos du collège électoral. Cela n'a pas beaucoup
changé depuis 1804, mais j'ai encore du mal à croire qu'un Président puisse perdre le vote populaire par millions et tout de même
être élu Président. Quelque chose défie la raison et il faut que ça
change. De plus, tous les votes devraient être comptabilisés au plus
tard le lendemain de l'élection et certifiés dans les 10 jours suivant l'élection. Cela est possible et on devrait organisé pour que cela
se fasse. Il n'y a absolument aucune raison pour que le processus
électoral s'éternise pendant des semaines dans une société qui a les
moyens techniques de le faire.

As for the transition process, that too needs to be revised. Four weeks after the certification should be a reasonable period for a transition and the newly elected President should be sworn in as the President-elect when the election has been certified. I don't see any problem having an incumbent President and an official President elect at the same time. All the pompe and circumstance can be played out at a later date whenever desired.

Freedom of speech to promote lies, falsehoods, hoaxes and conspiracies is not what the founding fathers of the American Democracy had in mind. Of course they couldn't have imagined the impact of radio, television and the Internet over two hundred years ago, especially on those who have been poorly educated and highly conditioned. When will we have a serious government to remedy this situation is anyone's guess, but today is not soon enough. I wonder, will we ever have a Truth in Broadcasting Act? The old notion of freedom of speech was intended for those who wanted to stand on an apple cart and shout whatever they wanted or write to friends and family whatever they wanted. That was all!

On January 6th, 2021, American Democracy received a sucker punch to the solar plexus. Recovering with a hard left, right punch, American Democracy prevailed, but the lingering bruise on American Democracy lingers. It's anyone's guess how long it will take to recover from a tumultuous four year attack by a narcissistic bigoted, psychopathic lying President.

Pour ce qui est du processus de transition, il faut aussi le réviser. Quatre semaines après l'accréditation devrait être un délai raisonnable pour une transition et le Président nouvellement élu devrait être assermenté comme président élu lorsque l'élection a été certifiée. Je ne vois aucun problème à ce qu'un Président sortant et un Président officiel soient élus en même temps. Toute la pompe et les circonstances peuvent être jouées à une date ultérieure chaque fois que désiré.

La liberté d'expression pour promouvoir les mensonges, la fausseté, les canulars et les conspirations n'est pas ce que les pères fondateurs de la démocratie américaine avaient à l'esprit. Bien sûr, ils n'auraient pas pu imaginer l'impact de la radio, de la télévision et d'Internet il y a plus de deux cents ans, surtout sur ceux qui ont été mal éduqués et très conditionnés. Personne ne sait quand nous aurons un gouvernement sérieux pour remédier à cette situation, mais ce n'est pas encore pour aujourd'hui. Aurons-nous un jour une Loi sur la vérité dans la radiodiffusion ? L'ancienne notion de liberté d'expression se rapportait à des personnes qui entreprenaient de se tenir debouts sur une cageot de pommes pour crier ce qu'ils voulaient ou écrire à leurs amis et à leur famille ce qu'ils voulaient. C'était tout !

Le 6 janvier 2021, la démocratie americaine a reçu un coup de poing dans le plexus solaire. Se remettant d'un coup de poing gauche et droit dur, la démocratie américaine a prévalu, mais la contusion persiste sur la démocratie américaine. On se demande tous combien de temps il faudra pour se remettre d'une attaque tumultueuse de quatre ans par un Président narcissique, fanatique et psychopathe.

FREEDOM OF SPEECH

The First Amendment of the United States Constitution was never intended to allow people to spew hate and lies to promote discrimination (racism), violence, and the unlawful disregard of established laws. Let us be clear: **Inciting people to commit crimes against individuals or established institutions is not protected by the First Amendment of the United States Constitution.**

Cry 'Censorship' if you will, but that is not the issue. When a duly elected President of the United States spouts lies about his loss of a free and certified election as being cheated, rigged, and stolen, of course, millions of his followers will believe what he says. They will act accordingly, and if incited to violence, they will do just that. And they did on January 6th, 2021.

That the President's lies were supported by Senators and other elected lawmakers in Congress was totally unacceptable. They have blood on their hands, and they should resign or be impeached as well as the President. These so-called 'lawmakers,' Ted Cruz, Josh Hawley, and Matt Gaetz, to name only a few, have wrought shame on American Democracy.

LIBERTÉ D'EXPRESSION

Le premier amendement de la Constitution des États-Unis n'a jamais été conçu pour permettre aux gens de déverser la haine et les mensonges pour promouvoir la discrimination (racisme), la violence, et le mépris illégal des lois établies. Soyons clairs : **Inciter les gens à commettre des crimes contre des individus ou des institutions établies n'est pas protégé par le premier amendement de la Constitution des États-Unis.**

Criez à la «Censure» si vous le voulez, mais le problème n'est pas là. Quand un Président des États-Unis dûment élu ment sur sa perte d'une élection libre et certifiée, comme étant trichée, truquée, et volée, bien sûr, des millions de ses disciples croiront ce qu'il dit. Ils agiront en conséquence et s'ils sont incités à la violence, ils le feront. Et ils l'ont fait le 6 janvier 2021.

Que les mensonges du président aient été appuyés par des sénateurs et d'autres législateurs élus au Congrès était totalement inacceptable. Ils ont du sang sur les mains et ils devraient démissionner ou être destitués ainsi que le Président. Ces soi-disant législateurs, Ted Cruz, Josh Hawley et Matt Gaetz, pour n'en nommer que quelques-uns, ont fait honte à la démocratie américaine.

THE TRUTH IN BROADCASTING ACT OF 2021

The Truth in Broadcasting Act of 2021 (TBA 2021) doesn't exist yet, but it is direly needed. What we know as the freedom of speech that was incorporated into the US constitution in the 18th century is outdated. Everyone will agree that when this concept was established, there weren't the means of communication as they exist today in our modern world. There was no radio, television, or the Internet. And the printing presses at that time were nowhere near as powerful and efficient as they are today. Freedom of speech today is not what it was in the 18th century.

On January 6th, 2021, the POTUS stood on a stage near the White House and asked thousands who listened to march on Congress. These adherents to this President's ideas and misinformation (LIES) did exactly what he asked for and did so violently. They disrupted the legal process of confirming the newly elected President of the United States of America. And five Americans died.

Many intelligent, rational people asked themselves how this could happen?
It's simpler than most people want to admit. Radio, television, and especially the Internet allowed far too many people to sow false information and rumors that most rational minds discarded immediately. Unfortunately, there were many who, for various reasons, failed to distinguish the truth from outright lies and other falsehoods.

LOI DE 2021 SUR LA VÉRITÉ
DANS LA RADIODIFFUSION

La loi de 2021 sur la vérité dans la radiodiffusion (LVR 2021) n'existe pas encore, mais elle est absolument nécessaire. Ce que nous connaissons au sujet de la liberté d'expression qui a été incorporée dans la constitution américaine au 18e siècle est dépassé. Tout le monde conviendra que lorsque ce concept a été établi, il n'y avait pas de moyens de communication tels qu'ils existent aujourd'hui dans notre monde moderne. Il n'y avait ni radio, ni télévision, ni Internet. Et les presses à imprimer de l'époque étaient loin d'être aussi puissantes et efficaces qu'aujourd'hui. Notre liberté d'expression actuelle n'est pas ce qu'elle était au 18e siècle.

Le 6 janvier 2021, le «POTUS» s'est tenu sur une scène près de la Maison Blanche et a demandé à des milliers de personnes qui l'écoutaient de la marcher sur le Congrès. Ces adhérents aux idées et à la désinformation de ce Président (MENSONGES) ont fait exactement ce qu'il demandait et l'ont fait violemment. Ils ont perturbé le processus juridique de confirmation du nouveau Président élu des États-Unis d'Amérique. Et cinq américains sont morts.

Beaucoup de gens intelligents et rationnels se sont demandés comment cela pouvait arriver ?
C'est plus simple que la plupart des gens veulent l'admettre. La radio, la télévision, et surtout Internet ont permis à beaucoup trop de gens de semer de fausses informations et des rumeurs que la plupart des esprits rationnels ont immédiatement écartées. Malheureusement, il y en a beaucoup qui, pour diverses raisons, n'ont pas su distinguer la vérité des mensonges et des autres faussetés.

Truth matters!

Who would buy a dog thinking it was a horse?! Did you hear about the Texan who purchased the Eiffel Tower? (He must have been listening to Ted Cruz!)

Seriously, if we are to rid the airwaves and the internet of people spewing hate, lies, and other falsehoods, then we need to enact legislation to prevent the dissimulation of material that is outright false. And this is not censorship.

La vérité compte !

Qui achèterait un chien en pensant que c'était un cheval ! Avez-vous entendu parler du Texan qui a acheté la Tour Eiffel ? (Il devait sûrement écouter Ted Cruz !)

Sérieusement, si nous voulons débarrasser les ondes et l'Internet des gens qui profèrent de la haine, des mensonges et d'autres fauss-etés, alors nous devons adopter une loi pour empêcher la dissimula-tion de matériel qui est carrément faux. Et ce n'est pas de la censure.

THE 147

Yes, the 147 Trump sycophants and enablers (the 8 Senators and the 139 representatives in congress) who attempted to overturn the 2020 election should be tried for attempted sedition. They should be asked to resign at the very least or removed from office if they refuse to resign. The constant and unrelenting lies by Trump and his supporters led to the numerous demonstrations around the United States that have resulted in several deaths in and around the Capital.

This is not acceptable by any means and it cannot go unpunished. I'm one of the lucky ones who didn't pay the ultimate price in Vietnam and I am thoroughly disgusted by what I've seen happening in our nation's capital on the 6th of January, 2021.

LES 147

Oui, les 147 flagorneurs et facilitateurs de Trump (les 8 Sénateurs et les 139 représentants au Congrès) qui ont tenté de renverser l'élection de 2020 devraient être jugés pour tentative de sédition. On devrait au moins leur demander de démissionner ou les déloger de leur bureau s'ils s'y refusent. Les mensonges constants et incessants de Trump et de ses partisans ont conduit aux nombreuses manifestations autour des États-Unis qui ont entraîné plusieurs morts dans et autour de la capitale.

Cela n'est absolument pas acceptable et ne peut rester impuni. Je suis l'un des chanceux qui n'ont pas payé le prix ultime au Vietnam et je suis complètement dégoûté par ce qui s'est passé dans la capitale nationale le 6 janvier 2021.

The working titles that I have relegated to the back cover:

FREETHINKING 101
*

Freethinkers Know
Democracy Is A Farce...
and it's no laughing matter!
*

Freethought...it's costly!
*

A Freethinkers' Freethinking Manifesto
(FFM)
*

Are Atheists Freethinkers...?
Think Again!
*

Freethinking...
Don't even think about it!
*

A Freethinkers' Plea for
Applying Common Sense
*

Freethinking & Freethought
Don't even think about it!
It could be hazardous to your health.
*

THINK AHEA*d*

172

Les différents titres qui auraient pu être celui du livre :

LIBRE-PENSÉE 101
*

Les libres-penseurs Savent Que
La Démocratie Est Une Farce...
Et ce n'est pas drôle !
*

La pensée libre... ça coûte cher!
*

Manifeste de libre-pensée d'un libre-penseur
(MLPLP)
*

Les Athées sont-ils des libres-penseurs...?
Réfléchissez-y encore !
*

La libre-pensée...
N'y pensez même pas !
*

Un Plaidoyer des libres-penseurs
Pour Appliquer le Bon Sens
*

Libre-pensée & pensée libre
N'y pensez même pas !
Ça pourrait être dangereux pour votre santé.
*

PENSEZ À L'AVANCE